JN302271

商業登記簿謄本の一番やさしい読み方

司法書士法人・行政書士法人
芝トラスト 著

税務経理協会

はじめに

「登記簿謄本」

　現在では「登記事項証明書」という方が正確なのでしょうが，この単語自体は，たぶん誰でも一度は聞いたことがあるのではないでしょうか。
　一般に「登記簿謄本（登記事項証明書）」というと，本書で解説する会社のものだけでなく，土地や建物もあります。ただ，いずれにしても，ご存知の方であれば，すぐに「あれか！」と思い当たるでしょうが，ご存知ない方には，何のことやらチンプンカンプンではないでしょうか。
　しかし，私たちが生きてゆく上で，「登記簿謄本（登記事項証明書）」が必要とされる場面は，実は少なくありません。特に会社で何かをしようとする場合には，「登記簿謄本（登記事項証明書）」は必須といえます。ですから，「登記簿謄本」について知っておくことは，決して無駄ではありませんし，逆にわかっていれば，こんなに心強いことはありません。
　本書では，チンプンカンプンの方にもご理解いただけるように，随所に図表を用いて，できる限り平易な文章で解説したつもりです。騙されたと思って，最後まで読んでみてください。
　その後で，やっぱり「騙された！」という方もいらっしゃるかもしれません。しかし，そうであっても，読んでいただいた方の中には，少なからず何かが残っているのではないでしょうか。ひょっとすると，無意識の中にかもしれません。
　そうした何かが，読んでいただいた方々の中に，より多く残らんことを，切に願ってやみません。

末筆ながら，読者の方々及び本書の作成に尽力いただきました株式会社税務経理協会のご担当者新堀博子様，並びに関係者の方々に感謝の意を表します。

2010年6月

著　者

目　　次

はじめに

第 1 章　基 礎 知 識

1 商業登記～商業登記簿謄本と登記事項証明書 …………… 3
　　　図表・履歴事項全部証明書 ……………………………… 4

2 登記すべき事項（登記事項） ……………………………… 8
　　　図表・登記事項 …………………………………………… 9

3 登記申請 ……………………………………………………12
　　　イラスト・登記申請の図 …………………………………12

4 登記事項証明書の取得方法 ………………………………14
　Ⅰ　法務局での証明書の取得 …………………………………14
　　　イラスト・とある法務局の見取り図例 …………………15
　Ⅱ　郵送による証明書の取得 …………………………………16
　　　イラスト・郵送申請の図 …………………………………16
　Ⅲ　オンラインによる証明書の取得 …………………………17
　　　イラスト・オンライン申請の図 …………………………17
　Ⅳ　オンラインによる登記情報の取得 ………………………18
　　　イラスト・登記情報提供サービスの図 …………………18

5	**登記事項証明書の種類等** ……………………………………… 19
	図表・登記事項証明書の内容 ……………………………… 20

6	**各種申請書と証明書** ……………………………………………… 21
	Ⅰ 登記事項証明書・登記簿謄抄本・概要記録事項証明書交付申請書 ……………………………………………………… 21
	⑴ 全部事項証明書と一部事項証明書 ………………… 23
	⑵ 現在事項証明書と履歴事項証明書 ………………… 24
	図表・現在事項全部証明書 ……………………… 25
	図表・履歴事項全部証明書 ……………………… 26
	⑶ 代表者事項証明書 ……………………………………… 28
	図表・代表者事項全部証明書 …………………… 28
	⑷ 閉鎖事項証明書・閉鎖登記簿謄抄本 ……………… 29
	イラスト・紙の謄本 ……………………………… 30
	⑸ 概要記録事項証明書 ………………………………… 36
	図表・現在概要記録事項証明書（動産） ……… 37
	Ⅱ 登記事項要約書交付・閲覧申請書 ……………………… 38
	図表・登記事項要約書交付・閲覧申請書 ……… 39
	Ⅲ 印鑑証明書交付申請書 …………………………………… 40
	見本・【印鑑カード】 …………………………… 42
	図表・印　鑑　証　明　書 ……………………… 43
	Ⅳ 印鑑証明書及び登記事項証明書交付申請書 …………… 44
	Ⅴ ま　と　め ………………………………………………… 46
	図表・証明書と取得費用 ………………………… 46

目　次

第2章
商業登記の読み方（基礎編）

1　会　　社……………………………………………………51

　(1)　会社とは　………………………………………………51
　(2)　会社の設立　……………………………………………53
　　　図表・定款の記載事項……………………………………55

2　株式会社……………………………………………………57

　Ⅰ　株　　　式　………………………………………………57
　　　図表・株主の権利と義務…………………………………58
　Ⅱ　資　本　金　………………………………………………59
　Ⅲ　機　　　関　………………………………………………61
　　①　株主総会……………………………………………………61
　　②　取締役・取締役会・代表取締役…………………………62
　　③　監査役・監査役会…………………………………………64
　　④　その他の機関等……………………………………………65
　　⑤　委員会設置会社……………………………………………65
　　　　図表・委員会設置会社…………………………………65
　　⑥　会社と役員の法律関係……………………………………66
　Ⅳ　株式会社の定款　…………………………………………67
　　　　図表・定　　款……………………………………………67
　Ⅴ　株式会社の登記事項証明書　……………………………74
　　　　図表・履歴事項全部証明書………………………………74
　　　商　号　①…………………………………………………76

3

本　　店　②……………………………………………………78
　　　公告をする方法　③………………………………………………80
　　　　　図表・官報掲載見本………………………………………80
　　　会社成立の年月日　④………………………………………………81
　　　目　　的　⑤………………………………………………………82
　　　発行可能株式総数　⑥………………………………………………83
　　　発行済株式の総数並びに種類及び数　⑦…………………………84
　　　株券を発行する旨の定め　⑧………………………………………86
　　　資本金の額　⑨………………………………………………………88
　　　株式の譲渡制限に関する事項　⑩…………………………………90
　　　役員に関する事項　⑪………………………………………………91
　　　取締役会設置会社に関する事項　⑫／監査役設置会社に関する
　　　事項　⑬………………………………………………………………95
　　　登記記録に関する事項　⑭…………………………………………97
　　　そ　の　他　⑮⑯⑰⑱………………………………………………98
　　　　　図表・【他管轄で取得した登記事項証明書の記載例】………98

3　特例有限会社 ………………………………………………………99

Ⅰ　有限会社とは ……………………………………………………………99
Ⅱ　特例有限会社の定款 ……………………………………………………101
Ⅲ　特例有限会社の登記事項証明書 ………………………………………105
　　　図表・履歴事項全部証明書 ………………………………………106

4　合 名 会 社 ……………………………………………………………107

Ⅰ　合名会社とは ……………………………………………………………107
Ⅱ　合名会社の定款 …………………………………………………………108
　　　図表・定　　款 ……………………………………………………108
Ⅲ　合名会社の登記事項証明書 ……………………………………………110

目　次

　　　　図表・履歴事項全部証明書 ……………………………………110

5　合資会社 …………………………………………………………111

　Ⅰ　合資会社とは ………………………………………………………111
　Ⅱ　合資会社の定款 ……………………………………………………112
　　　　図表・定　　款 …………………………………………………112
　Ⅲ　合資会社の登記事項証明書 ………………………………………114
　　　　図表・履歴事項全部証明書 ……………………………………114

6　合同会社 …………………………………………………………115

　Ⅰ　合同会社とは ………………………………………………………115
　Ⅱ　合同会社の定款 ……………………………………………………117
　　　　図表・定　　款 …………………………………………………117
　Ⅲ　合同会社の登記事項証明書 ………………………………………119
　　　　図表・履歴事項全部証明書 ……………………………………119

第3章　商業登記の読み方（応用編）

1　商号続用の責任限定 ……………………………………………124

　　　　図表・譲渡会社と譲受会社の関係 ……………………………124

2　電子公告・貸借対照表に係る情報 …公告方法（URL）との関係 ……………………………………126

　Ⅰ　電子公告 ……………………………………………………………126
　Ⅱ　決算公告 ……………………………………………………………128

| 3 | 種類株と新株予約権 …………………………………132 |

 Ⅰ　種　類　株 ………………………………………132
   図表・種類株の組み合わせ方 ……………………133
 Ⅱ　新株予約権 ………………………………………135
 Ⅲ　属人的株式 ………………………………………137

| 4 | 単　元　株　式 ……………………………………138 |

| 5 | 社外役員の表示 ……………………………………140 |

| 6 | 定款による責任免除・責任限定契約 ……………143 |

 Ⅰ　会社に対する責任 ………………………………143
 Ⅱ　会社に対する責任の免除 ………………………144
  ① 責任の全部免除 ………………………………144
  ② 責任の一部免除 ………………………………144
  ③ 責任限定契約 …………………………………144

| 7 | 会計監査人・会計参与 ……………………………147 |

 Ⅰ　会計監査人 ………………………………………147
 Ⅱ　会　計　参　与 …………………………………149

| 8 | 合併・分割 …………………………………………150 |

 Ⅰ　合　　　併 ………………………………………150
   図表・新設合併 ……………………………………151
   図表・吸収合併 ……………………………………152
 Ⅱ　分　　　割 ………………………………………153
   図表・新設分割 ……………………………………153
   図表・吸収分割 ……………………………………154

目　次

9　支店・支配人 ……………………………………155
　Ⅰ　支　　店 ……………………………………155
　Ⅱ　支　配　人 …………………………………156

10　解散・清算，清算結了と継続 ………………157
　Ⅰ　解散・清算 …………………………………157
　Ⅱ　清算結了と継続 ……………………………160

11　民事再生・破産・会社更生 …………………161
　Ⅰ　民　事　再　生 ……………………………161
　Ⅱ　会　社　更　生 ……………………………165
　Ⅲ　破　　産 ……………………………………167

12　有限会社からの移行 …………………………169
　　　図表・【旧有限会社】閉鎖事項全部証明書 ……170
　　　図表・【新株式会社】現在事項全部証明書 ……171

13　外　国　会　社 ………………………………172
　　　図表・履歴事項全部証明書 …………………173

第1章
基 礎 知 識

1 商業登記～商業登記簿謄本と登記事項証明書
2 登記すべき事項（登記事項）
3 登 記 申 請
4 登記事項証明書の取得方法
5 登記事項証明書の種類等
6 各種申請書と証明書

1　商業登記～商業登記簿謄本と登記事項証明書

　皆さんは,「商業登記簿謄本」あるいは「登記事項証明書」というものをご覧になったことがありますか？
　お気づきの通り,次頁の書類がそれです。ちまたでは,俗に「会社の謄本」などと呼ばれたりもしますが,まずは,この商業登記簿謄本が,一体,どんなものかを簡単に説明したいと思います。

> 商業登記簿について一緒に学んでいきましょう

第1章 基礎知識

履歴事項全部証明書

本店
商号
会社法人等番号　●●●●-●●-●●●●●●

商　号	●●●●株式会社	
	○○○○株式会社	平成●年●月●日変更
		平成●年●月●日登記
本　店	東京都中央区日本橋●●●●	
公告をする方法	官報に掲載してする	
会社成立の年月日	平成18年4月1日	
目　的	1．インターネットによる通信販売事業 2．インターネットによる情報提供サービス事業 3．出版業 4．前各号に付帯し，又は関連する一切の事業	
発行可能株式総数	800株	
発行済株式の総数並びに種類及び数	発行済株式の総数 200株	
株券を発行する旨の定め	当会社の株式については，株券を発行する 　　　　　　　　　　平成17年法律第87号第 　　　　　　　　　　136条の規定により平 　　　　　　　　　　成18年5月1日登記	
資本金の額	金1,000万円	
株式の譲渡制限に関する規定	当会社の株式を譲渡により取得するには取締役会の承認を要する。	
役員に関する事項	取締役　○○○○ 取締役　○○○○	平成20年6月30日重任
		平成20年7月1日登記
	取締役　△△△△ 取締役　△△△△	平成20年6月30日重任
		平成20年7月1日登記
	取締役　×××× 取締役　××××	平成20年6月30日重任
		平成20年7月1日登記
	東京都中央区月島●●●●	平成20年6月30日重任

1 商業登記～商業登記簿謄本と登記事項証明書

	代表取締役　〇〇〇〇	
	東京都中央区月島●●●●	平成20年7月1日登記
	代表取締役　〇〇〇〇	
	<u>監査役　▲▲▲▲</u>	平成20年6月30日重任
	監査役　▲▲▲▲	平成20年7月1日登記
取締役会設置会社に関する事項	取締役会設置会社	平成17年法律第87号第136条の規定により平成18年5月1日登記
監査役設置会社に関する事項	監査役設置会社	平成17年法律第87号第136条の規定により平成18年5月1日登記
登記記録に関する事項	設立	平成18年4月1日登記

　これは登記簿に記録されている閉鎖されていない事項の全部であることを証明した書面である。

　　　　　　　　　平成22年●●月●●日
　　　　　　　東京法務局

　　　　　　　　登記官　　　　鈴　木　一　郎　　　　印

整理番号12345　　＊下線のあるものは抹消事項であることを示す。　　1／1

　「商業登記簿謄本」は，文字通り，「商業登記簿」を謄写ないしはコピーした書類です。では，「商業登記簿」とは何かというと，一言でいうとバインダー（「簿冊」とも呼ばれます。）です。ただその中には，法律に基づき，会社に関する情報（プロフィールのようなものと考えてください。）が一定の様式の「紙」に記載され収納されています。従来は，このような「商業登記簿」を原本として，その写しをとって証明書として交付することにより，会社に関する情報を広く社会に公表していました（これを「公示」といいます。）。そのため，俗に「会社の謄本」などと呼ばれているのです。

第1章　基礎知識

　ではなぜ，そのようなことが行われるかというと，現在の私たちの生活は「会社」の存在を抜きにしては成り立たなくなっています。よって「会社」に対する国民の信頼を確保し，世の中の取引が安全かつ確実に行われるようにする必要があるからです。これは，たとえばコンビニエンス・ストアに並ぶ商品のほとんどが会社で作られた物であり，さらにそのコンビニエンス・ストア自身が「会社」であることからすれば，容易にご理解いただけるかと思います。

　話を元に戻しますが，現在では，「商業登記簿」というバインダーに収納されていた情報がコンピュータに移され，記録されています。そして，この情報が「商業登記簿」（「商業登記簿データ」と呼ぶべきでしょうか。）として，印刷されたものが証明書として発行されます。そのため，現在では「商業登記簿謄本」ではなく，「登記事項証明書」と呼ぶのが一般的です。

　ところで，「商業登記簿謄本」あるいは「登記事項証明書」は，一般に広く会社に関する情報を提供することに意味がありますから，誰でも取得できます。ただし，手数料は必要です。そして，証明書に記載された内容については，法務省所管の各法務局の登記官が，記載内容に相違がない旨の証明をし，押印します（これを「認証」といいます。）。このように，「登記事項証明書」は高い信頼性を持ちますので，会社自身が，銀行口座を開設したり，お金を借りたり，建設業や宅建業等の許認可申請をする際などに広く利用されています。

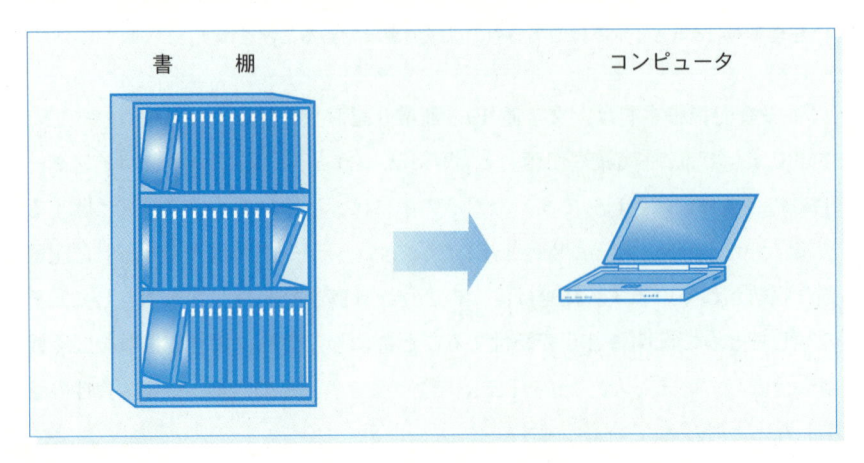

1　商業登記～商業登記簿謄本と登記事項証明書

なお，一般に「商業登記」といった場合には，①商号登記，②未成年者登記，③後見人登記，④支配人登記，⑤株式会社登記，⑥合名会社登記，⑦合資会社登記，⑧合同会社登記，⑨外国会社登記，の9つを指します。そして，それぞれに登記されている事項を証明する書面，すなわち登記事項証明書が交付されます。

この中で，最も数が多く重要なものは，⑤の「株式会社」であることから，本書でも，「株式会社」を基本に据えて，他の登記に関しては必要に応じて説明を加えていきます。

商業登記の種類	
①	商 号 登 記
②	未成年者登記
③	後 見 人 登 記
④	支 配 人 登 記
⑤	株式会社登記
⑥	合名会社登記
⑦	合資会社登記
⑧	合同会社登記
⑨	外国会社登記

第1章 基礎知識

2　登記すべき事項（登記事項）

　では，会社が公表しなければならない情報（これを「登記すべき事項」＝「登記事項」といいます。），言い換えれば「登記事項証明書」に記載される情報とは，具体的にはどのようなものでしょうか？

　先に「登記事項証明書」は会社のプロフィールだといいましたが，まず，人に，名前や住所があるように，会社にも，名前である「商号」と住所というべき「本店」があります。また，会社は，私たちのような通常の人（法律では「自然人」といいます。）ではないにも関わらず，取引の主体となることが法律で特別に認められた団体ですから（そのため「法人」とも呼ばれます。），私たち以上に，その中身を多くの人に知ってもらう必要があります。

　しかし他方，私たちにプライバシーがあるように，会社にもプライバシーがありますし，また，取引をする上で必要のない情報もあります。そのため，「登記事項証明書」に記載すべき事項も，法律で限定的に決められています。しかし，そうは言っても，次の表を見ていただければおわかりのとおり，かなり多くの事項が「登記事項」とされています。

2 登記すべき事項（登記事項）

【登記事項】

区	項　　目	頁
商　号　区	商　号	
	商号譲渡人の債務に関する免責	
	本　店	
	公告をする方法	
	貸借対照表に係る情報の提供を受けるために必要な事項	
	会社成立年月日	
目　的　区 株式・資本区	目　的	
	発行可能株式総数	
	発行済株式の総数並びにその種類及び種類ごとの数	
	資本金の額	
	発行する株式の内容	
	発行可能種類株式総数及び発行する各種類の株式の内容	
	単元株式数	
	株券発行会社であるときはその旨	
	株主名簿管理人の氏名又は名称及び住所並びに営業所	
	その他株式又は資本金に関する事項（譲渡制限）	
役　員　区	取締役（特別取締役を含む）及び代表取締役	
	会計参与及び計算書類等の備置き場所	
	監査役	
	会計監査人	
	委　員	
	執行役及び代表執行役	
	取締役が社外取締役である旨	
	監査役が社外監査役である旨	
	清算人	
	その他役員等に関する事項（役員責任区に記載すべきものを除く）	

第1章　基礎知識

役員責任区	取締役等の役員の会社に対する責任の免除に関する規定	
	社外取締役等の会社に対する責任の制限に関する規定	
支店区	支店の所在場所	
新株予約権区	新株予約権に関する事項	
会社履歴区	会社の継続	
	合併をした旨並びに吸収合併消滅会社の商号及び本店	
	分割をした旨並びに吸収分割会社の商号及び本店	
	分割をした旨並びに吸収分割承継会社又は新設分割設立会社の商号及び本店	
会社状態区	存立時期の定め	
	解散事由の定め	
	取締役会設置会社である旨	
	会計参与設置会社である旨	
	監査役設置会社である旨	
	監査役会設置会社である旨	
	特別取締役による議決の定めがある旨	
	委員会設置会社である旨	
	会計監査人設置会社である旨	
	清算人会設置会社である旨	
	解散（登記記録区に記録すべき事項は除く）	
	特別清算に関する事項（役員区及び登記記録区に記録すべきものを除く）	
	民事再生に関する事項（他の区に記録すべきものを除く）	
	会社更生に関する事項（他の区に記録すべきものを除く）	
	破産に関する事項（役員区及び登記記録区に記録すべきものを除く）	
登記記録区	登記記録を起こした事由及び年月日（設立，新設合併・組織変更・株式移転・新設分割による設立）	
	登記記録を閉鎖した事由及び年月日（閉鎖・合併・組織変更による解散）	
	登記記録を復活した事由及び年月日	

2 登記すべき事項（登記事項）

　ただし，一般的な「登記事項証明書」では，はじめに見ていただいた証明書のように「商号」「本店」の他，会社の生年月日にあたる「会社成立の年月日」，その会社がどのような事業をするための団体かを表す「目的」，さらに会社を運営・代表する人はだれかを示す「役員」，その他「資本金」「発行可能株式総数」，「発行済株式総数」「公告をする方法」，「株券を発行する旨の定め」「株式の譲渡制限に関する規定」「取締役会設置会社に関する事項」「監査役設置会社に関する事項」「登記記録に関する事項」等が記載されているのが通常です。

　これらにつきましては，まさに「商業登記簿謄本」・「登記事項証明書」の読み方というべき部分ですので，第2章で詳しく説明したいと思います。また，それ以外の，特に注意すべき事項に関しては，第3章をお読みください。

　なお，本書で御紹介する登記事項はもとより，前掲の表にある登記事項でさえ，実はそのすべてではありません。ただし，割愛した事項は，実務でも見かけることはほぼ皆無です。したがって，本書で解説させていただく事項さえ理解できれば十分ですのでご安心ください。

第1章　基礎知識

3　登記申請

　では、「登記事項」はどのような手続きによって、「登記簿」に記載又は記録されるのでしょうか？

　基本的には、「本人つまり会社」（代理人でもかまいません。）が「登記申請書」（現在ではオンラインでの申請も認められており、この場合には書面ではなくデータになります。）に必要な登記事項を記載又は記録して、その裏づけとなる書面を添付し、会社の本店所在地を管轄する「法務局」に提出することによって行われます。これを「登記申請」といいます。

　会社は「設立登記」をしたときに成立しますから、「商業登記」の第１弾は

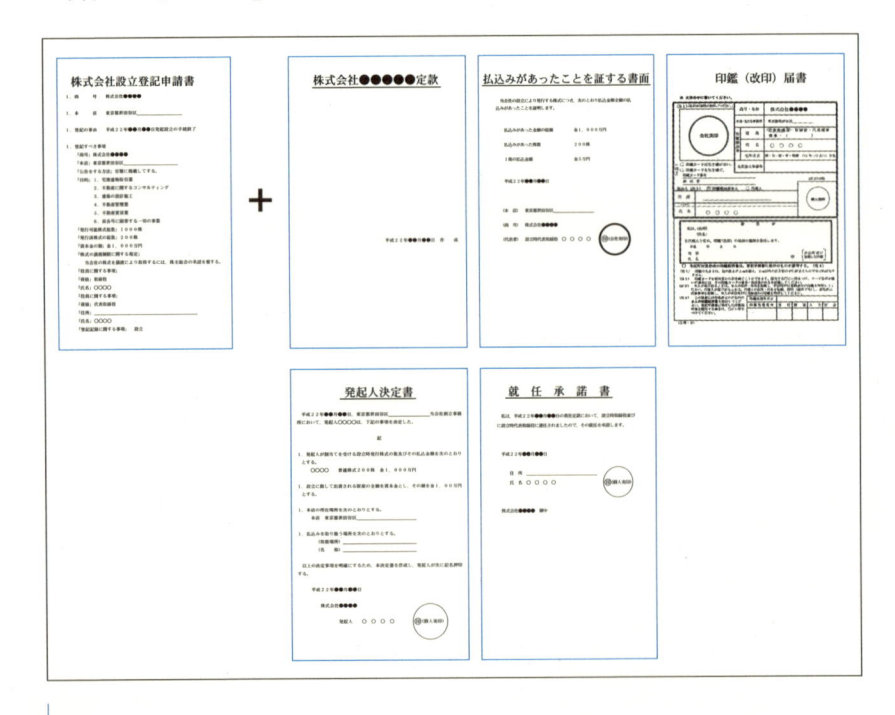

3 登記申請

「設立登記」ということになります。申請が正しい場合,「法務局」は申請書に記載又は記録された登記事項を,商業登記簿に記載又は記録します。また,設立登記に際しては,会社の実印となる印鑑も同時に届けますので,「登記」が完了すれば,「登記事項証明書」とともに,会社の「印鑑証明書」も取得することができます(印鑑証明書については 6 Ⅲをご参照ください)。

このように登記申請により,登記簿に記載又は記録されたデータ等を元にして登記事項証明書等は発行されますから,登記事項は,新鮮かつ正確でなければ意味がありません。そのため,設立登記も2週間以内に申請しなければならず,その後,登記事項を新設したり,廃止したり,あるいは変更した場合にも,「遅滞なく(遅くならないうちに。通常2週間以内です。)」,同じく会社の本店所在地を管轄する「法務局」に,その旨を申請しなければなりません。このときの「登記申請書」に記載すべき事項は,すでにその「法務局」には基本となる情報がありますから,変更等をした事項だけで足ります。もし,この「登記申請」をうっかり忘れてしまったり,著しく遅れてしまうと,過料等が課されます。なお,この請求は,会社宛てではなく,代表者個人宛てに届きますので,ご注意ください。

ところで,「登記申請」には,登録免許税という税金が必要です。どんな登記をするかによって金額は変わりますが,この登録免許税は,「収入印紙」や「電子納付」という方法により納めます。

このように「登記事項」の登記簿への記載又は記録は,会社本人による「登記申請」に基づいて行われるのが原則です。しかし,本人の申請がなくても,法務局が自ら登記簿を書き換えることもあります。これを「職権による登記」といいます。もっともわかりやすいのは,法律の改正により「登記事項」が変更された場合で,本書でもたびたび登場しますので覚えておいてください。

その他,「法務局」が裁判所からの委託を受けて行われる「嘱託登記」というものもあります。

第1章　基礎知識

4　登記事項証明書の取得方法

Ⅰ　法務局での証明書の取得

　では，「登記事項証明書」はどこで入手できるのでしょうか？

　基本的には「法務局」，古い言い方だと「登記所」です。従来は，前述の通り登記簿が「紙」で1つしかなかったため，「登記申請」が行われる当該会社・法人の本店所在地を管轄する「法務局」でしか取得できませんでした。しかし，現在では登記簿の情報がコンピュータに移行され，全国の法務局がオンラインで結ばれたため，どこの法務局でも，日本中すべての会社の「登記事項証明書」が取得できます。

　そこで「登記事項証明書」を取得しようと思ったら，まず最寄りの法務局に行き，そこに備え付けられている証明書取得用の「申請書」（こちらは**5**で説明します。）に，自分の住所・氏名を記載します。「はんこ」はなくても大丈夫です。そして，証明書を取得したい会社の本店所在地と商号を記載し（会社番号もわかれば書いてあげると親切です。），どの種類の証明書が欲しいのか，チェック欄にチェックし通数を記入します。記入が終わったら，請求窓口に申請書を提出し，しばらく待つと，あなたの名前（番号札を使う法務局もあります。）が呼ばれますので，交付窓口に行き証明書を受領しましょう。

　しかし，「タダ」では証明書を取得できません。少なくとも受領の際には手数料を納めなければなりません。交付窓口の人に手数料の金額を教えてもらい，印紙売場で「登記印紙」を買い，申請書に貼ってから証明書を受領しましょう。

　「登記印紙」は先に買って申請書に貼っておくこともできますが，枚数が超過すると手数料も上がりますので，証明書が取得できた時に買うことをお勧めします。

なお，印紙売場も原則として，法務局の中にありますが，たまに，法務局の外にあることもあります。場所によっては近所の郵便局まで買いに行くことになる場合もあります。そのようなところでは近所といってもあまり近くはなかったりしますので，二度手間にならないようにしましょう。また，印紙売場では，他に登録免許税を納めるときに使う「収入印紙」なども売っていますが，証明書を取得する際の手数料は「登記印紙」で納付することになっていますので，間違えないように気をつけてください。もちろん，このあたりのことは印紙売場の方も心得ており，何に使うのかを確認してくれるので，心配しなくても大丈夫です。

　「登記事項証明書」は1通（1つの会社・法人につき）1,000円ですが，ページ数が10枚を超えると5枚ごとに200円の追加料金が発生します。1枚から10枚までなら，すべて1,000円ですが，11枚だと1,200円，16枚だと1,400円といった具合に料金が上がります。

とある法務局の見取り図例

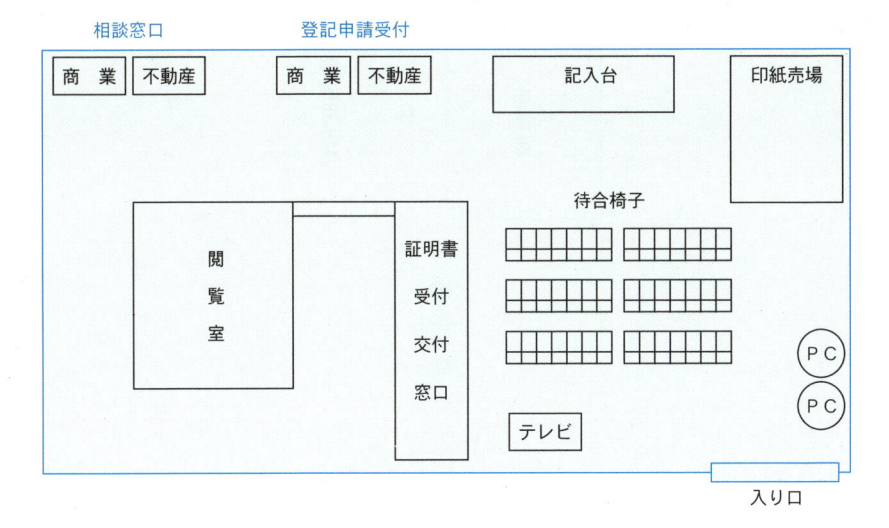

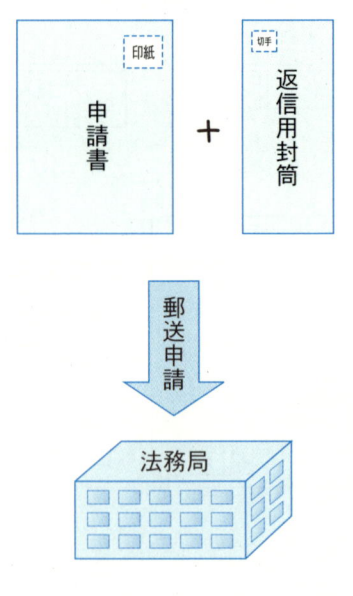

第1章 基礎知識

Ⅱ 郵送による証明書の取得

　このように実際に法務局に足を運んで取得する方法のほか，郵送で申請する方法もあります。

　郵送申請では，次のＵＲＬで法務省のホームページにアクセスして，申請書をダウンロードして使ってください。もちろん，法務局備付の申請書でもかまいません。記載例に従って記入し，登記印紙を貼付の上，返信用封筒を同封して，法務局に郵送してください。遠いところでなければ3～4日で登記事項証明書がお手元に届くと思います。

　登記印紙は，法務局の印紙売場でなくても，大きめな郵便局であれば取り扱っているところもありますので，そちらで入手してください。法務省ＨＰ上の該当ＵＲＬは下記のとおりです。

　　http://www.moj.go.jp/ONLINE/COMMERCE/11-2.html

［申請書（印紙）＋返信用封筒（切手）→郵送申請→法務局］

Ⅲ　オンライン（インターネット）による証明書の取得

　また，オンライン（インターネット）で「登記事項証明書」の取得を請求することもできます。しかし，申請プログラムのダウンロードやコンピュータの環境設定など，かなり手間がかかります。ある程度，継続的に利用する予定がないのであれば，あまりお勧めはしません。ただ，この方法だと，返信用の郵送費も法務局で負担してくれますし，手数料も700円とお安くなっています。興味のある方は下記のＵＲＬをご参照ください。

http://www.moj.go.jp/MINJI/minji71.html

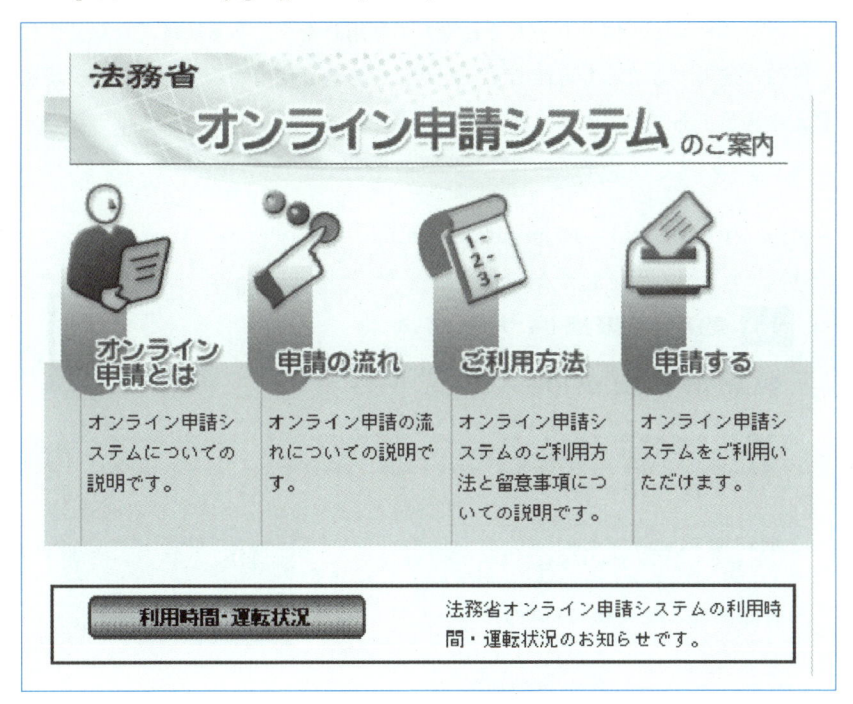

第1章　基礎知識

Ⅳ　オンラインによる登記情報の取得

　これまでとは，ちょっと趣(おもむき)が異なるのですが，オンラインで会社の情報だけを取得することもできます。コンピュータの画面上に「登記事項証明書」と同一の情報を表示し，これを印刷（プリントアウト）することができます。印刷（プリントアウト）するだけなので，当然，法務局の登記官による認証文はありませんが，取得した日時が表示されますし，もちろん，内容は確かです。証明書類として利用するのではなく，ただ，内容を知りたいといった場合には，1社465円と費用も安くて便利です(ただし，クレジット決済になります。)。このように，印刷（プリントアウト）された書面は，俗に「ＩＴ謄本」と呼ばれています。

　このシステムは，個人や法人で登録して利用したり，あるいは，登録せずに一時的に使用することも可能です。ただ，こちらも使用するパソコンの環境を整える必要がありますので，多少手間がかかります。なお，ＵＲＬは下記のとおりです。

　　http://www1.touki.or.jp/gateway.html

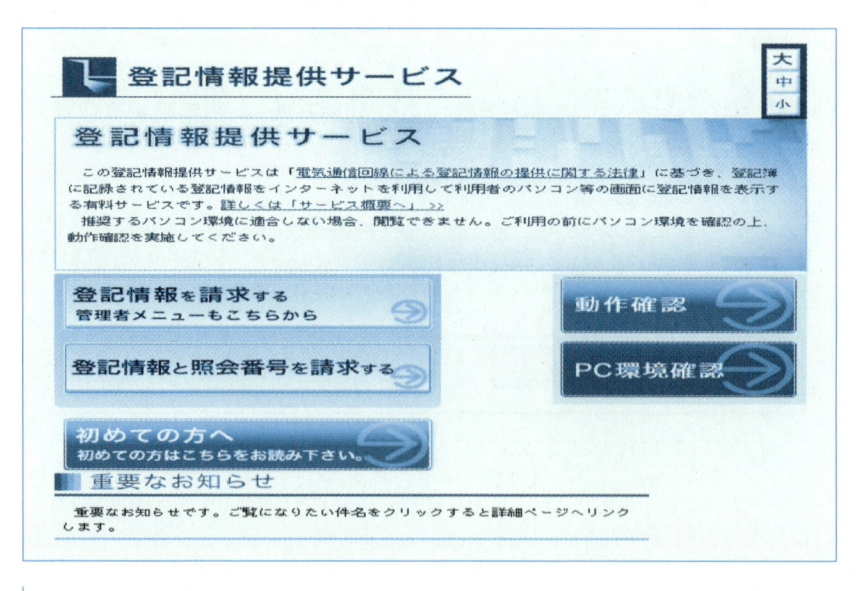

5　登記事項証明書の種類等

　ところで，これまでただ「登記事項証明書」と言ってきましたが，実はこれも1つではなく，いくつかの種類に分かれます。まずは，「全部事項証明書（謄本）」と「一部事項証明書（抄本）」とに分かれ，さらにそれぞれ「履歴事項証明書」・「現在事項証明書」・「閉鎖事項証明書」の3つに分類されます。

　したがって，この時点ですでに6つの種類の「登記事項証明書」があることになります。そして，その組み合わせにより，表題及び認証文が異なってきます。

コラム

　「法務局」では，会社や法人（民法法人・財団法人・医療法人・NPO法人など）ばかりではなく，土地や建物の情報も公開しています。その土地や建物が，どれくらいの広さで，所有者は誰か，担保権などは付いているのか，付いている場合，お金を貸している人（債権者）は誰か，どれくらいの利率か，いくらくらい貸したのか，等の情報が不動産登記簿謄本・登記事項証明書に記載され交付されます。土地や建物は動かないので不動産登記簿謄本・登記事項証明書等と呼ばれますが，こちらについては，『やさしい不動産登記簿の取り方・読み方』をお読みください。なお，全国の「法務局」の所在や管轄等につきましては，下記をご参照ください。

http://houmukyoku.moj.go.jp/homu/static/kankatsu_index.html

第1章　基礎知識

表題	認証文	概要
履歴事項全部証明書	これは登記簿に記録されている閉鎖されていない事項の全部であることを証明した書面である。	証明書を請求した日の3年前の日の属する年の1月1日以降に抹消された事項及び現在効力を有する事項の証明書です。
履歴事項一部証明書	これは登記簿に記録されている閉鎖されていない事項の一部であることを証明した書面である。	
現在事項全部証明書	これは登記簿に記録されている現に効力を有する事項の全部であることを証明した書面である。	現在，効力が認められる事項の証明書です。
現在事項一部証明書	これは登記簿に記録されている現に効力を有する事項の一部であることを証明した書面である。	
閉鎖事項全部証明書	これは登記簿に記録されている閉鎖された事項の全部であることを証明した書面である。	履歴事項証明書に記載されない閉鎖された事項の証明書です。
閉鎖事項一部証明書	これは登記簿に記録されている閉鎖された事項の一部であることを証明した書面である。	

　この6種類以外にも，「代表者事項証明書」，「概要記録事項証明書」も「登記事項証明書」に含まれますが，これらの詳細については，後（ 6 各種申請書と証明書）で説明します。

　また，これら「登記事項証明書」以外でも，前述のように法務局では会社・法人の「印鑑証明書」（もちろん会社・法人自身のものですから，個人の印鑑証明書がほしい場合は区役所や市役所等で取得してください。）や「要約書」といったものも取得できます。

6　各種申請書と証明書

　ここでは，法務局に備え付けの証明書取得用の申請書（登記申請書とは異なりますので混同しないようにして下さい。）と，それによって取得できる証明書を概観します。

I　登記事項証明書・登記簿謄抄本・概要記録事項証明書交付申請書

　「紫色の縁取り」のもっともオーソドックスな申請書です。この申請書で取得可能な証明書は下記のとおりです。

① 全部事項証明書（謄本）
　・履歴事項証明書（閉鎖されていない登記事項の証明）
　・現在事項証明書（現在効力がある登記事項の証明）
　・閉鎖事項証明書（閉鎖された登記事項の証明書）
② 一部事項証明書（抄本）
　・履歴事項証明書
　・現在事項証明書
　・閉鎖事項証明書
③ 代表者事項証明書
④ コンピュータ化以前の閉鎖登記簿の謄抄本
⑤ 概要記録事項証明書

第1章 基礎知識

会社法人用	登記事項証明書 登記簿謄抄本　交付申請書 概要記録事項証明書

※太枠の中に書いてください。

窓口に来られた人 （申請人）	住所
	フリガナ 氏名
商号・名称 （会社等の名前）	
本店・主たる事務所 （会社等の住所）	
会社法人等番号	

登記印紙欄

登記印紙

登記印紙

登記印紙は割印をしないでここにはってください。
（登記印紙は収入印紙とちがいますので注意してください。）

※ 必要なものの□に✓印をつけてください。

請　　求　　事　　項	請求通数
①全部事項証明書（謄本） 　□ 履歴事項証明書（閉鎖されていない登記事項の証明） 　□ 現在事項証明書（現在効力がある登記事項の証明） 　□ 閉鎖事項証明書（閉鎖された登記事項の証明）	通
②一部事項証明書（抄本）　※ 必要な区を選んでください。 　□ 履歴事項証明書　　□ 株式・資本区 　□ 現在事項証明書　　□ 目的区 　□ 閉鎖事項証明書　　□ 役員区 　　　　　　　　　　　□ 支配人・代理人区 ※商号・名称区及び会社・法人状態区は、※2名以上の支配人・参事等がいる場合で、 どの請求にも表示されます。　その一部の者のみの証明を請求するときは、その 　　　　　　　　　　　支配人・参事等の氏名を記載してください。 　　　　　　　　　　　（氏名　　　　　　　　　　） 　　　　　　　　　　　（氏名　　　　　　　　　　） 　　　　　　　　　　　□ その他（　　　　　　　）	通
③□代表者事項証明書（代表権のある者の証明） ※2名以上の代表者がいる場合で、その一部の者の証明のみを請求するときは、 その代表者の氏名を記載してください。　（氏名　　　　　　　　　）	通
④コンピュータ化以前の閉鎖登記簿の謄抄本 　□ コンピュータ化に伴う閉鎖登記簿謄本 　□ 閉鎖謄本（　　　　年　　月　　日閉鎖） 　□ 閉鎖役員欄（　　　　年　　月　　日閉鎖） 　□ その他（　　　　　　　　　　　　　　　）	通
⑤概要記録事項証明書 　□ 現在事項証明書（動産譲渡登記事項概要ファイル） 　□ 現在事項証明書（債権譲渡登記事項概要ファイル） 　□ 閉鎖事項証明書（動産譲渡登記事項概要ファイル） 　□ 閉鎖事項証明書（債権譲渡登記事項概要ファイル） ※請求された登記記録がない場合には、記録されている事項がない旨 　の証明書が発行されます。	通

交付通数	交付枚数	手　数　料	受付・交付年月日

(1) **全部事項証明書と一部事項証明書**

　「全部事項証明書」は，登記しなければならない事項（＝「登記事項」）のうち，記録がある事項「全部」を証明するものです。

　これに対し「一部事項証明書」は，登記事項のうち，「株式・資本区」，「目的区」，「役員区」，「支配人・代理人区」，「その他」の中で，選択された事項（ただし，3つまでです。），つまり「一部」を証明するものです。商号・名称区及び会社・法人状態区については必ず表示されます。このように「一部」しか証明しないにもかかわらず，値段は「全部事項証明書」と変わりませんので，通常は「全部事項証明書」を取得する方が無難です。

> 登記事項証明書はわかれば簡単！

第1章　基礎知識

(2) 現在事項証明書と履歴事項証明書

　現に効力を有する登記事項，会社成立の年月日，取締役，会計参与，監査役，代表取締役，特別取締役，委員，執行役，代表執行役及び会計監査人の就任の年月日，並びに，会社の商号及び本店の登記の変更に係る事項で現に効力を有するものの「直前のもの」を記載した証明書が「現在事項証明書」です。

　これに加えて，当該証明書の交付の請求があった日（つまり，あなたが法務局で申請をした日）の3年前の日の属する年の1月1日から請求の日までの間に抹消された事項（「職権」による登記の「更正」により抹消する記号を記録された登記事項を除く。）等を記載したものが「履歴事項証明書」です。

　ちょっと，分かりにくいのですが，「現在事項証明書」と「履歴事項証明書」の違いは，後者のほうが前者よりも長く，だいたい3年くらい前までの変更の経緯がわかるという点です。このように，「履歴事項証明書」では，一定期間の変更の経緯が明らかになりますので，行政庁などで要求される登記事項証明書といえば，こちらを添付するのが通常です。ただ，「履歴事項証明書」は，変更の経緯が記載されている分，枚数超過で追加料金がかかる可能性も高くなります。

現在事項全部証明書

東京都中央区築地●●●
○○○○水産株式会社
会社法人等番号　●●●●-●●-●●●●●●

商　号	○○○○水産株式会社
本　店	東京都中央区築地●●●
公告をする方法	官報に掲載してする
会社成立の年月日	平成20年5月1日
目　的	1．水産物の輸入，仕入，卸売及び販売 2．前号に付帯関連する一切の業務
発行可能株式総数	80株
発行済株式の総数並びに種類及び数	発行済株式の総数 20株
株券を発行する旨の定め	当会社の株式については，株券を発行する。
資本金の額	金100万円
株式の譲渡制限に関する規定	当会社の株式を譲渡により取得するには，取締役会の承認を要する
役員に関する事項	取締役　○○○○
	取締役　△△△△
	取締役　××××
	（住所） 代表取締役　○○○○
	監査役　▲▲▲▲
取締役会設置会社に関する事項	取締役会設置会社
監査役設置会社に関する事項	監査役設置会社
登記記録に関する事項	設立 　　　　　　　　　平成20年5月1日登記

第1章　基礎知識

　これは登記簿に記録されている現に効力を有する事項の全部であることを証明した書面である。
　　　　　　　　　平成22年　　月　　日
　　　　　　東京法務局

　　　　　　　　登記官　　　　　　鈴　木　一　郎　　　　印

整理番号12345　＊下線のあるものは抹消事項であることを示す。　　1／1

履歴事項全部証明書

本店
商号
会社法人等番号　●●●●－●●－●●●●●●

商　　号	○○○○株式会社 ●●●●株式会社	平成19年12月1日変更
		平成19年12月3日登記
本　　店	東京都港区新橋●●●●	
公告をする方法	官報に掲載してする	
会社成立の年月日	平成18年4月1日	
目　　的	1．各種資格取得講習会の開催並びに教材の作成・販売 2．宅地建物取引業 3．前各号に付帯関連する一切の事業	
発行可能株式総数	12万株	
発行済株式の総数並びに種類及び数	発行済株式の総数 10万株	
株券を発行する旨の定め	当会社の株式については，株券を発行する 　　　　　　　　　平成17年法律第87号第 　　　　　　　　　136条の規定により平成 　　　　　　　　　18年5月1日登記	
資本金の額	金1,000万円	
株式の譲渡制限に関する規定	当会社の株式を譲渡により取得するには取締役会の承認を要する。	

株式の譲渡制限に関する規定	当会社の株式を譲渡により取得するには取締役会の承認を要する。		
役員に関する事項	取締役　〇〇〇〇		平成20年6月30日重任
	取締役　〇〇〇〇		平成20年7月7日登記
	取締役　△△△△		平成20年6月30日重任
	取締役　△△△△		平成20年7月7日登記
	取締役　××××		平成20年6月30日重任
	取締役　××××		平成20年7月7日登記
	（住所） 代表取締役　〇〇〇〇		平成20年6月30日重任
	（住所） 代表取締役　〇〇〇〇		平成20年7月7日登記
	監査役　▲▲▲▲		平成20年6月30日重任
	監査役　▲▲▲▲		平成20年7月7日登記
取締役会設置会社に関する事項	取締役会設置会社		平成17年法律第87号第136条の規定により平成18年5月1日登記
監査役設置会社に関する事項	監査役設置会社		平成17年法律第87号第136条の規定により平成18年5月1日登記
登記記録に関する事項	平成19年1月1日東京都中央区●●1丁目●番●号から本店移転		
			平成19年1月5日登記

　これは登記簿に記録されている閉鎖されていない事項の全部であることを証明した書面である。

　　　　　　　　　平成22年●●月●●日
　　　　東京法務局港出張所

　　　　　登記官　　　　　山　田　太　郎　　　　印

整理番号12345　　＊下線のあるものは抹消事項であることを示す。　　1／1

第1章 基礎知識

(3) 代表者事項証明書

　会社の代表者の代表権に関する事項で，現に効力を有する事項を記載した書面に認証文を付したものが「代表者事項証明書」です。「現在事項証明書」や「履歴事項証明書」とは異なり，会社の代表者の代表権に関する事項（代表権に対する制限も含みます。）しか証明しない，まさに究極の一部事項証明書ですが，これも1通1,000円と値段は変わりません。たとえば，民事再生を申し立てた会社で，代表者の代表権に制限があると，その内容も併せて記載されます。

　なお，たまに「資格証明書」という言葉を耳にすることがあるかと思いますが，基本的には「代表者事項証明書」を指します。もっとも，「現在事項証明書」も「履歴事項証明書」も，役員欄には代表者の氏名が記載されており，その代表権を証明していますから，これらも「資格証明書」に他なりません。つまり，どれでも「資格証明書」と言ってかまいません。

代表者事項全部証明書

会社法人等番号　0104-01-000123

商　　　号　　株式会社●●●●
本　　　店　　東京都港区新橋●●●●
　代表者等の資格，氏名及び住所
　　　　東京都港区〇〇1丁目1番1号
　　　　代表取締役　　〇〇〇〇

　これは上記の者の代表権に関して登記簿に記録されている現に効力を有する事項の全部であることを証明した書面である。

平成22年●●月●●日

　　　　　東京法務局港出張所
　　　　　登記官　　　山　田　太　郎　　［印］

整理番号ウ123456

(4) 閉鎖事項証明書・閉鎖登記簿謄抄本

　「現在事項証明書」及び「履歴事項証明書」のいずれにも出力されない事項の一部又は全部の証明書，清算結了，本店移転等により閉鎖された登記簿に記録されている事項の一部又は全部の証明書で，法務局の認証文が付されたものを「閉鎖事項証明書」といいます。「現在事項証明書」・「履歴事項証明書」と同じく，全部事項及び一部事項の区別があります。

　ここで注意してほしいのは，この「閉鎖事項証明書」から判明する情報は，「コンピュータに移行した後に抹消された事項に限られる」ということです。それ以前の会社の情報を知りたいときはコンピュータ化によって閉鎖された「紙の登記簿」の写しである「閉鎖登記簿謄抄本」を取得する必要があります。

　この「閉鎖登記簿謄抄本」は，閉鎖された時点での，その会社の本店所在地を管轄する法務局でなければ取得できません。前述のように，「紙の登記簿」は1つしかないからです。また，この頃の登記簿は下記のように基本的には4枚（「商号・資本欄」「目的欄」「役員欄」「予備欄」）ほどで1セットになっており，記載できなくなると新しい用紙と差し替えられ，古い用紙が閉鎖されていきました。そのため，伝統のある会社では，役員欄だけで何十枚（昔は「1丁，2丁…」と数えました。）という用紙が存在しています。ここで注意していただきたいのは，その1枚（1丁）ごとに1,000円の取得費用がかかるということです。よって，もし「紙」の登記簿まで遡って，役員の変遷を調査しようとすると，費用的にかなりかかるおそれがあることを覚悟しておいて下さい。

　なお，登記情報の，コンピュータへの移行は順次行われましたため，法務局によりコンピュータ化閉鎖の時期は異なりますので，ご注意ください。また，閉鎖された登記記録は，20年間は保存されることになっています。

第1章 基礎知識

商　号	株式会社〇〇〇総業			
	株式会社〇〇〇総業	平成14年1月17日変更		
		平成14年1月22日登記		
		平成　年　月　日変更		
		平成　年　月　日登記		
本　店　　東京都〇〇〇市〇〇×丁目×番地×				
		平成　年　月　日変更		
		平成　年　月　日登記		
		平成　年　月　日変更		
		平成　年　月　日登記		
		平成　年　月　日変更		
		平成　年　月　日登記		
広告をする方法　　官報に掲載してする				
		平成　年　月　日変更		
		平成　年　月　日登記		
額面株式1株の金額				
	平成　年　月　日変更		平成　年　月　日登記	
	平成　年　月　日変更		平成　年　月　日登記	
発行する株式の総数　　128,000株				
	平成　年　月　日変更		平成　年　月　日登記	
	平成　年　月　日変更		平成　年　月　日登記	
	平成　年　月　日変更		平成　年　月　日登記	
	平成　年　月　日変更		平成　年　月　日登記	

6 各種申請書と証明書

発行済株式の総数 並びに種類及び数	資本の額	
		平成14年1月17日変更
		平成14年1月22日登記
発行済株式の総数 ３２，０００株	金 16,000,000円	
		平成 年 月 日変更
		平成 年 月 日登記
		平成 年 月 日変更
		平成 年 月 日登記
		平成 年 月 日変更
		平成 年 月 日登記
		平成 年 月 日変更
		平成 年 月 日登記
		平成 年 月 日変更
		平成 年 月 日登記
		平成 年 月 日変更
		平成 年 月 日登記
		平成 年 月 日変更
		平成 年 月 日登記
		平成 年 月 日変更
		平成 年 月 日登記
		月 日
登記用紙を起こした事由及び年月日 　東京都○○○市○○○○○丁目○○番地株式会社○○○○企業から分割により設立 　　　　　　　　　　　　　　　　　平成 14 年 1 月 4 日 登記		

第1章 基礎知識

目　　的
1．不動産の売買，賃貸，管理並びに仲介 　　2．証券の保有並びに運用
3．日用品雑貨の販売 　　4．損害保険代理業及び生命保険の募集に関する業務
5．経営コンサルティング業務 　　6．前各項に付帯する一切の業務

6　各種申請書と証明書

第1章 基礎知識

役員に関する事項	年　　月　　日	年　　月　　日
	原　　　　因	原　　　　因
	登　記　年　月　日	登　記　年　月　日
取　締　役 　　〇　〇　〇　〇	平成　年　月　日	平成　年　月　日
	平成　年　月　日登記	平成　年　月　日登記
取　締　役 　　〇　〇　〇　〇	平成　年　月　日	平成　年　月　日
	平成　年　月　日登記	平成　年　月　日登記
取　締　役 　　〇　〇　〇　〇	平成　年　月　日	平成　年　月　日
	平成　年　月　日登記	平成　年　月　日登記
東京都港区〇丁目〇番〇号 代表取締役 　　〇　〇　〇　〇	平成　年　月　日	平成　年　月　日
	平成　年　月　日登記	平成　年　月　日登記
監　査　役 　　〇　〇　〇　〇	平成　年　月　日	平成　年　月　日
	平成　年　月　日登記	平成　年　月　日登記
監　査　役 　　〇　〇　〇　〇	平成　年　月　日	平成　年　月　日
	平成　年　月　日登記	平成　年　月　日登記

　その他の事項
　　株式の譲渡制限に関する規定

　　当会社の株式を譲渡するには，取締役会の承認を受けなければならない。

6 各種申請書と証明書

役員に関する事項	年　　月　　日 原　　　　因 登　記　年　月　日	年　　月　　日 原　　　　因 登　記　年　月　日
	平成　年　月　日	平成　年　月　日
	平成　年　月　日登記	平成　年　月　日登記
	平成　年　月　日	平成　年　月　日
	平成　年　月　日登記	平成　年　月　日登記
	平成　年　月　日	平成　年　月　日
	平成　年　月　日登記	平成　年　月　日登記
	平成　年　月　日	平成　年　月　日
	平成　年　月　日登記	平成　年　月　日登記
	平成　年　月　日	平成　年　月　日
	平成　年　月　日登記	平成　年　月　日登記

これは登記簿の謄本である。

平成〇〇年〇月〇〇日
東京法務局〇〇支局

登記官　　〇〇　〇〇　　[印]

(5) 概要記録事項証明書

本書の題名や，これまで説明してきた「登録事項証明書」の内容とはだいぶ異なるのですが，登録されている，あるいは，登録されていた「債権譲渡登記」及び「動産譲渡登記」につき，その概要を記載した証明書が「概要記録事項証明書」です。現在では，不動産（土地や建物等）の登記のほかに，動産取引や債権取引を登録する制度も採用されています。ただし，この登録制度は会社・法人しか利用できず，登録があると，当事者である会社・法人の「商業登記簿」に付属してその概要が記録されるので，ここで概要も公示されます。

この概要記録事項説明書であれば，誰でも取得できます。

次の証明書は「動産」ですが，「債権」の証明書もあります。

ちなみに，1通500円で，5枚を超えると1枚につき100円ずつ加算されます。

コラム

「動産」とは不動産以外の物で，たとえばダイヤモンドや馬などです。

「債権」とは，たとえば，お金を貸したときに借りた人に「返してくれ」といえる，「人」に対する権利です。「物（不動産や動産）」に対する権利である物権に対応するものです。

「債権譲渡登記」「動産譲渡登記」ともに，基本的には債権に対する「担保」として利用されています。「担保」とは「債権」が回収できない場合に，その対象から優先的に弁済を受けるものであり，これまでは「不動産」がメインでしたが，現在では「動産」や債務者が他人（第三者）に対して持っている「債権」もその対象とされています。

6　各種申請書と証明書

現在概要記録事項証明書（動産）

東京都港区新橋●●●●
○○○○株式会社
会社法人等番号　0104－01－●●●●●●

本　　　店	東京都港区新橋●●●●	
商　　　号	●●●●株式会社	
動　産　譲　渡	第2005－○○号動産譲渡 　登記の年月日 　　平成17年○○月○○日 　譲受人 　　東京都千代田区九段南○○○ 　　△△△△株式会社	平成17年○月○日登記

　これは動産譲渡登記事項概要ファイルに記録されている現に効力を有する事項であることを証明した書面である。

　　　　　　　　　平成22年　　月　　日
　　　　　東京法務局港出張所

　　　　　　登記官　　　　　山　田　太　郎　　　　印

整理番号　ハ000000　＊下線のあるものは抹消事項であることを示す。　1／1

第1章 基礎知識

Ⅱ 登記事項要約書交付・閲覧申請書

　この申請書は,「登記事項要約書」の交付と登記簿等の「閲覧」を請求する申請書です。

　従来,法務局には登記簿がバインダーの形で保管されていたと書きましたが,保管期間の関係から,現在でもバインダーは残っており,その登記簿を,直接,手に取って目で見る手続が「閲覧」です。ただし,持ち出しやコピーは禁止されています。

　これに対して,現在,「登記簿」は法務局のコンピュータにデータとして保管されています。よって,これを直接,手にとって見ることはできません。そこで,「閲覧」に代わるものとして,登記事項のうち主要な部分を記載した書面が交付されることになりました。これが「登記事項要約書」です。

　申請書を見ていただきたいのですが,株式・資本区,目的区,役員区,支配人・代理人区,支店・従たる事務所区,その他に分かれています（項目が違うものも中にはあります。)。要約書で選択できるのはこのうち「3つ」までです。また「登記事項要約書」は閲覧に代わるものですから,当該会社の本店所在地を管轄する法務局でなければ取得できず,さらに認証文は付与されません。

6　各種申請書と証明書

会社法人用	登記事項要約書交付 申　請　書 閲　　　　覧		登記印紙欄

※太枠の中に書いてください。

窓口に来られた人 （申　請　人）	住　所		
	フリガナ 氏　名		
商号・名称 （会社等の名前）			
本店・主たる事務所 （会社等の住所）			
会社法人等番号			

※該当事項の□に✓印をつけてください。

要約書	□ 会社法人	※商号・名称区及び会社・法人状態区はどの請求にも表示されます。 ※請求できる区の数は上記のほか3個までです。 □　株式・資本区 □　目　的　区 □　役　員　区 □　支配人・代理人区 □　支店・従たる事務所区 □　その他（　　　　　　　　　　）
	□ 会社法人以外	□　商号登記簿 □　その他（　　　　　　　　　　）
閲覧	□　商号調査簿（無料）　　□　登記簿 □　閉鎖登記簿（　　　年　　月　　日閉鎖） □　申　請　書（　　　年　　月　　日受付第　　　　号） 利害関係：	

登記印紙

登記印紙

登記印紙は割印をしないでここにはってください。
（登記印紙は収入印紙とちがいますので注意してください。）

交付通数	交付枚数	手　数　料	受付・交付年月日

（乙号・7）

39

第 1 章　基礎知識

Ⅲ　印鑑証明書交付申請書

　会社や法人の「印鑑証明書」の取得を申請する書面です。「印鑑証明書」は，とても大事なものですが，現在では「印鑑カード」を持参すれば誰でも取得できる取り扱いになっています。本人ではなくても委任状などは不要です。

　多くの法務局では，「印鑑カード」を添えて印鑑証明書の交付申請をすると，法務局の人から引き換え用の札などが渡されます。そして，出来上がると，申請人の名前が呼ばれますので，渡された札と引き換えに「印鑑カード」と「印鑑証明書」を受領します。手数料は1通500円です。

　なお，印鑑証明交付申請書には代表者の方の「生年月日」を記載しなければなりません。法務局によっては，「印鑑証明書」を渡す際に，代表者の生年月日を答えさせる慎重なところもありますので，代表者の方の「生年月日」はお忘れなく。

　「印鑑証明書」は，現在，薄紫色の証明書になっています。

6 各種申請書と証明書

| 会社法人用 | 印鑑証明書交付申請書 |

※ 太枠の中に書いてください。

			登記印紙欄
商号・名称 （会社等の名前）			登記印紙
本店・主たる事務所 （会社等の住所）			
支配人・参事等を置いた営業所又は事務所			登記印紙
印鑑提出者	資格	代表取締役・取締役・代表社員・代表理事・理事・支配人・（　　）	
	氏名		
	生年月日	大・昭・平・西暦　　　年　　月　　日生	
印鑑カード番号			
請求通数		通	

（登記印紙は収入印紙とちがいますので注意してください。）
登記印紙は割印をしないでここにはってください。

窓口に来られた人（申請人）　※いずれかの□に✓印をつけ，代理人の場合は住所・氏名を記載してください。

□　印鑑提出者本人
□　代理人
　　住　所
　　フリガナ
　　氏　名

※代理人の場合でも委任状は必要ありません。
※必ず印鑑カードを添えて申請してください。

交付通数	整理番号	手数料	受付・交付年月日

（乙号・11）

41

第1章　基礎知識

【印鑑カード】

印 鑑 証 明 書

会社法人等番号0104-01-●●●●

商　　号　　●●●●株式会社
本　　店　　東京都港区新橋●●●●
　　　代表取締役　　○　○　○　○
　　　昭和●●年●●月●●日生

これは提出されている印鑑の写しに相違ないことを証明する。
　　　　　平成22年●●月●●日
東京法務局港出張所

　　登記官　　山田　太郎　　　　　印

整理番号　ハ000000

8143568A

第1章 基礎知識

Ⅳ　印鑑証明書及び登記事項証明書交付申請書

　この申請書は印鑑証明書と登記事項証明書の双方を，一緒に請求できる優れものです。もちろん，この申請書でも，「印鑑証明書」を取得しようとするときは，「印鑑カード」と「代表者の生年月日」は必須ですので，ご注意ください。

6　各種申請書と証明書

会社法人用	印鑑証明書及び 交付申請書				登記印紙欄
登記事項証明書					

※太枠の中に書いてください。

窓口に来られた人	住　所				
（申請人）	フリガナ				
	氏名				
商号・名称 （会社等の名前）					
本店・主たる事務所 （会社等の住所）					
支配人・参事等を置い た営業所又は事務所					
印鑑提出者	資　格	代表取締役・取締役・代表社員・代表理事・理事・支配人・（　　　　）				
	氏　名					
	生年月日	大・昭・平・西暦　　　　年　　　月　　　日生				
	印鑑カード番号					

登記印紙

登記印紙

登記印紙は割印をしないでここにはってください。
（登記印紙は収入印紙とちがいますので注意してください。）

請　求　事　項	請求通数
①印鑑証明書　　　　□　代理人 ※代理人の場合は，□代理人に✓印をつけてください。 ※代理人の場合も，委任状は必要ありません。 ※必ず印鑑カードを添えて申請してください。	通
②履歴事項全部証明書（謄本） （閉鎖されていない登記事項全部の証明）	通
③現在事項全部証明書（謄本） （現在効力がある登記事項全部の証明）	通
④代表者事項証明書（代表権のある者の証明） ※2名以上の代表者がいる場合で，その一部の者の証明のみを請求するとき は，その代表者の氏名を記載してください。 （氏名　　　　　　　　　　　　　　　　　　　）	通

交付通数	交付枚数	整理番号	手数料	受付・交付年月日

（乙号・12）

45

第1章　基礎知識

Ⅴ　まとめ

証明書と取得費用を以下で簡単にまとめましたので，ご参照ください。

	法務局での証明書等の取得申請	郵送での証明書等の取得請求	オンラインでの証明書取得請求	オンラインでの情報取得請求 ㈶民事法務協会
①履歴事項・現在事項全部・一部証明書	1,000円	1,000円＋郵送費	700円	全部事項 465円
②閉鎖事項全部・一部証明書	1,000円	1,000円＋郵送費	700円	－
③代表者事項証明書	1,000円	1,000円＋郵送費	700円	－
④登記事項要約書	500円	－	－	－
⑤概要記録事項証明書	500円	500円＋郵送費	－	債権者概要ファイル（現在又は開始） 425円
⑥印鑑証明書	500円	500円＋郵送費＋印鑑カード（書留が無難）	※500円	

（平成21年10月2日現在）

※　ただし，オンラインで印鑑証明書を取得するためには，申請データに「電子署名」をし，その署名に係る「電子証明書」が必要です。

「電子署名（電子証明書）」とは，当該電子情報（ここでは「オンラインでの申請データ」等）が本人によって正しく作成され，改ざんなどがされていないことを証する，当該電子情報に添付される「本人の電磁的な署名」です。イメージとしては，紙の申請書に自分の印鑑を押すように，パソコンで作成した申請データに貼り付けます。

　法務省のオンライン・システムを利用して，「登記申請」や「印鑑証明書取得申請」等をする場合には，その申請が正しいことを証するため，「電子署名」が必要です。ただし，「登記事項証明書」については誰でも取得できるので，申請データに「電子署名」を添付する必要はありません。

　なお，「電子署名」といってもそれを発行する機関もまちまちで，形式も1

6　各種申請書と証明書

つではありません。法務省のオンライン・システムで「利用可能な電子署名」につきましては，下記のURLの「電子署名・電子証明書について」をご参照ください。

http://shinsei.moj.go.jp/faq/faq_top.html

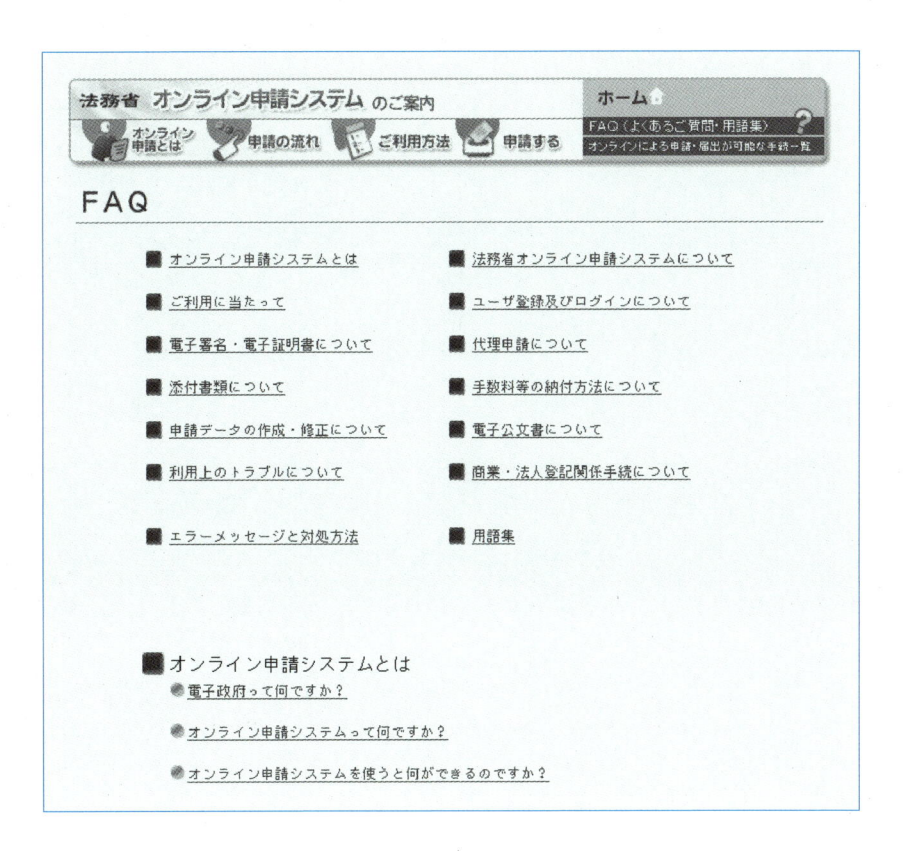

第2章
商業登記の読み方（基礎編）

1 会　　　社
2 株式会社
3 特例有限会社
4 合名会社
5 合資会社
6 合同会社

1　会　　社

Ⅰ　会社とは

　これから商業登記簿の読み方に入る前提として，遅ればせながら，まずは「会社」とは何かについて説明します。

　法律によると，「会社」とは「営利を目的とする社団法人である」とされています。ちょっと堅苦しいので，平たく言いますと，元手を使って商売をし，利益をあげて出資者（株式会社でいえば「株主」です。）に分配することを目的とする団体（個人の集まり）であり，法律により通常の私たちのような個人と同様に取り扱われるものをいいます。すなわち，その団体（＝会社）自身が，一個の取引主体として，「権利」「義務」の帰属主体となることができるのです。これを「法人格の付与」といいます。

> 営利＝元手を使って商売をし，利益をあげて出資者に分配する
> 社団＝個人の集まり
> 法人＝法律により通常の私たちのような個人と同様に取り扱われるもの

　現在，「会社」は，出資者の責任等から，「株式会社（有限会社を含む。）」，「合名会社」，「合資会社」，「合同会社」の4種類，有限会社を別にすれば5種類に分類されます。そして，「合名会社」，「合資会社」，「合同会社」の3つは，出資者である社員が会社に対して「持分」を持つことから「持分会社」と呼ばれます。

　平成21年10月1日現在，株式会社は約104万社，特例有限会社は約180万社，

第2章　商業登記の読み方（基礎編）

合名会社は約6千社，合資会社は約3万社，合同会社は約2万弱，が存在するといわれています。

会社の種類と割合

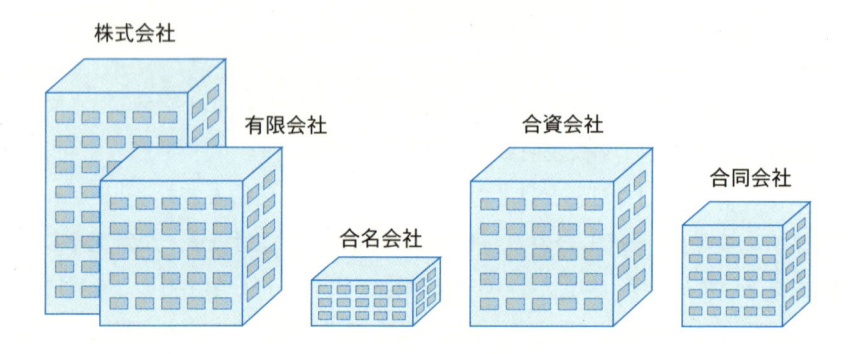

Ⅱ 会社の設立

　ところで,「会社」を作る手続を「設立」といいます。この設立に関しては,法律で定める一定の手続を履行すれば当然に会社の成立が認められ,法人格が付与されます(これを「準則主義」といいます。)。

　その設立手続では,まず,会社を作ろうと思い立った人(≒「発起人」)が「定款」を作成します。「定款」とは,会社の商号や目的,本店所在地,機関設計等の会社のあり方の基本的事項を定めた規定集です。そして,「定款」ができたら登記申請書に登記事項を記載又は記録し,必要書類とともに,会社の本店所在地を管轄する法務局に「会社設立」の「登記申請」を行います。この申請に基づき,法務局は登記簿に登記事項を記録し,この「設立登記」によって,会社は初めて成立するのは,前述のとおりです。

　ちなみに,この「定款」は,一番初めに作られることから,「原始定款」と呼ばれ,株式会社にあっては「公証人」の認証をもらわなければ効力が認められません。

　「定款」には,必ず記載しければ効力自体が認められない事項(「絶対的記載事項」)のほか,記載があれば効力が認められる事項(「相対的記載事項」),さらに記載があってもなくても効力に影響がない事項(「任意的記載事項」)の3種類が通常記載されます。最低限,定款としての効力が認められるためには,「絶対的記載事項」が書かれていればよいのですが,実際の必要性と便宜性から,「相対的記載事項」や「任意的記載事項」も盛り込まれており,ある程度のボリュームになっているのが通常です。

第2章　商業登記の読み方（基礎編）

> ## コラム
>
> 　ここで，「公証人」とは，原則30年以上の実務経験を有する法律実務家（裁判官・検察官・弁護士等）の中から，法務大臣が任命する公務員で，公証役場（公証人役場）で執務しています。仕事としては，大きく分けて，（ⅰ）「公正証書の作成」，（ⅱ）私署証書や会社等の定款に対する「認証の付与」，（ⅲ）私署証書に対する「確定日付の付与」の3種類があります。詳細については，下記ホームページをご参照ください。
> 　URL：http://www.koshonin.gr.jp/index2.html
>
> 　ちなみに，定款認証の費用ですが，「公証人」の手数料は一律50,000円で，定款の謄本を取得すると1枚につき250円です（つまり5ページの「定款」であれば1,250円になります）。また，定款には印紙税法により4万円の収入印紙を貼らなければなりませんので，定款認証のためには合計で9万円強の費用がかかることになります。
> 　ただし，収入印紙を貼らなければならないのは「紙＝書面」で作成された「定款」であり，現在認められている電磁的記録，つまり目に見えない「データ」で作成された「電子定款」については，印紙を貼る場所がありませんので収入印紙は不要とされています。したがって，「電子定款」の認証であれば，5万円プラス謄本代で足りることになります。

　下記は株式会社の定款記載事項の分類です。このうち，赤字は「登記事項」であり，相対的記載事項であれば「定款」に定めなければ効力は認められず，それが登記事項ならば登記申請をし，登記簿に記載又は記録しなければなりません。

1 会　社

種　類	記　載　事　項
絶対的記載事項	1．商　号 2．目　的 3．本店の所在地 4．設立に際して出資される財産の価額又はその最低額 5．発起人の氏名又は名称及び住所 6．発行可能株式総数
相対的記載事項	1．変態設立事項[※1] 2．機　関 3．発行済株式の総数並びに種類及び数 4．株式の譲渡制限 5．取締役会の招集 6．取締役の選任についての累積投票の排除 7．株券発行の定め 8．種類株式に関する定め 9．株主名簿管理人の設置に関する定め 10．役員等の責任減免に関する定め 11．役員等の任期の伸長 12．単元株式数 13．補欠監査役の任期 14．清算人の定め 15．取締役会の決議の省略 16．株主割当による募集事項等の決定 17．相続人等に対する売渡しの請求 18．基準日の定め　　　等
任意的記載事項	1．公告方法 2．株主総会の招集 3．株主総会の議長 4．株主の住所等の届出 5．事業年度 6．補欠・増員取締役，監査役の任期 7．取締役の員数 8．剰余金の配当等 9．常務会等に関する事項　　　等
そ の 他	1．資本金の額[※2]

[※1]　「変態設立事項」とは，発起人の受けるべき特別利益，現物出資，財産引受，発起人が受けるべき報酬，会社の設立費用等で，発起人が権限を濫用すると，財

第2章　商業登記の読み方（基礎編）

産的基礎が弱い会社が設立される恐れがあります。そのため，「変態設立事項」は定款に記載しないと効力が認められない「相対的記載事項」とされています。

※2　資本金の額は，定款に必ずしも記載されていなくても構いませんが，会社成立のときまでに定款に定めなければなりません。実質的には「絶対的記載事項」ということもできます。

「定款」は，このように「会社の憲法」ともいうべき根本的かつ重要な規定なので，追加したり，変更したり，あるいは廃止したりするためには，厳重な手続を踏まなければなりません。

株式会社では，原則として「株主総会」の「特別決議（出席議決権の2／3以上）」が必要です。また，いわゆる「持分会社」では，原則として「総社員の同意」がなければ定款の変更はできません。

なお，「持分会社（合名会社・合資会社・合同会社）」も，設立に際して社員になろうとする者が「定款」を作成しなければなりません。ただし，株式会社とは異なり，「定款」に公証人の認証は必要とされていません。

持分会社の「定款」につきましても，該当箇所で絶対的記載事項を中心としたひな型を紹介します。

2　株式会社

「株式会社」は，4種類の会社の中でも，たくさんの人々からお金などを少しずつ出してもらい，これを大きな元手として，大規模な経営を行うための形態の会社です。そして，そのために編み出された「株式」制度，「資本」制度を採用しているのが，大きな特徴です。また，「機関」構成も，他の会社とは異なっています。

I　株　　式

「株式」とは，当該株式会社に出資をした人が会社に対して有する「権利（＝できること）」・「義務（＝しなければならないこと）」の総称であり，この株式を有する人たちのことを「株主」と呼びます。ここで注意して欲しいのは，法律上，「株式会社」の「社員」といった場合は，この「株主」を指し，決して「従業員」のことではありませんので，混同しないようにしてください。

株主は，「会社の利益は私の出資金のおかげだから分け前を下さい。」という「自益権」と，「お金を出したのだから経営に口を出させて下さい」という「共益権」という2つの「権利」を持ちます。これに対して，株主がしなければならないこと，つまり「義務」は出資金を払い込むことに尽きます。すなわち，出資金さえ払ってしまえば，たとえその会社が倒産しても，それ以上に負担は負いません。たとえば，その会社にお金を貸していた人から「返せ。」といわれるようなことはないのです。つまり，出資金が消えてなくなるというリスクはあるものの，業績が良ければ，会社の財産が増えて株価が上がり，さらに利益の配当などで十分な見入りを期待できるのです。

多少，博打っぽいですが，こうすることで出資を促すのが「株式」です。

第2章 商業登記の読み方（基礎編）

株　主　の　権　利	
① 会社の財産の分け前をもらえる権利（自益権）	・事業で利益が出たときにその分け前（配当金）をもらう権利 ・会社が解散したときに残った財産の分け前をもらう権利 ・会社に株式の買い取りを請求する権利　　等
② 経営に口を出す権利（共益権）	・株主総会で議決権を行使する権利 ・役員の責任を追及する訴え（株主代表訴訟）を起こすことができる権利　　等

株　主　の　義　務
・出資金の払込義務 　どんなに会社が多額の負債を抱えて倒産しようが払込義務以外に責任なし 　⇒「株主有限責任の原則」

　なお，上記共益権のうち「株主総会」で行使される「議決権」は，原則として1株につき1個です（「一株一議決権の原則」）。よって，たとえば1株5万円だとすると，5万円の出資をした人は1株を持ち1個の議決権を，50万円の出資をした人は10株を持ち10個の議決権を持つことになります。すなわち，多く出資をして，多くの株を持つ人が，株主総会を通じて大きな影響を会社に与えられるということです。

Ⅱ 資本金

　ところで，株主の義務が出資金を払い込むことに尽きるとすると，会社の元手（資産）自体は限られた金額にならざるをえません。そのため，実際に最低どれくらいの金額が会社に保有されているかは，会社と取引をしようとする他の会社や個人にとってはとても重要な情報です。そのため，株式会社では，これを「資本金の額」として，登記簿に記載することになっています。株式会社にあっては，出資された金額の最低2分の1は資本金に組み込まなければなりません。ただし，そうはいっても「資本金の額」は一定の数字に過ぎず，必ずしもその金額が会社に留保されているとは限りませんので，誤解のないようにお願いします。

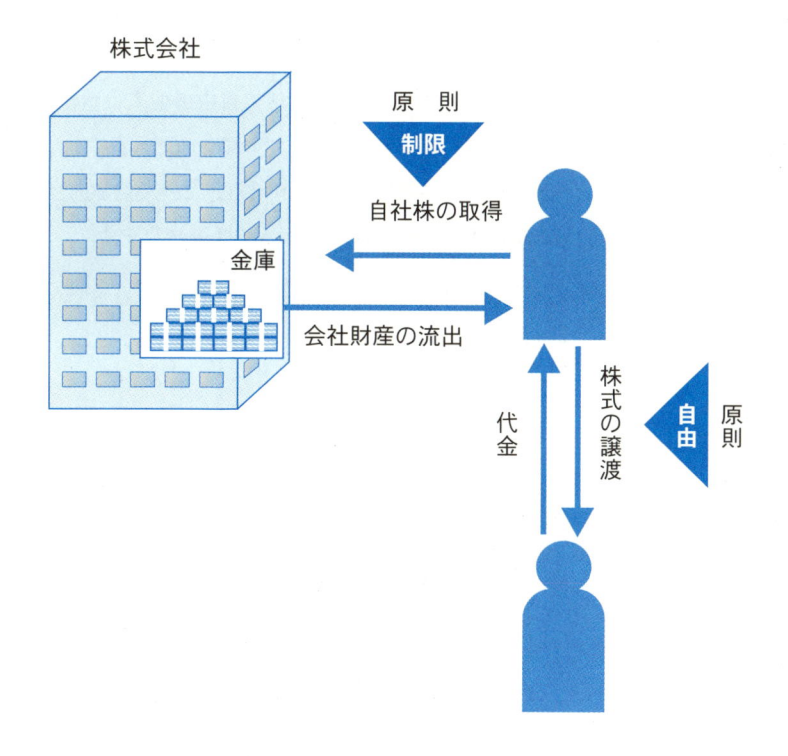

第 2 章　商業登記の読み方（基礎編）

　なお，最低資本額の撤廃により「資本金の額」を金 0 円とすることも可能になりました。しかし，それでは会社の信用にかかわりますから，実際に目にすることは，ほぼないと思います。ちなみに，「資本金の額」が金 5 億円以上の会社は「大会社」とされ，「会計監査人」を設置しなければなりません。ただし，5 億円未満であっても，負債（「借金」と思ってください。）の総額が200億円以上あれば「大会社」とみなされます。この会社の区別は，第 2 章⑩で説明する「公開会社と非公開会社」の区別と同じく，とても重要なものですから，覚えておいてください。

　ところで，もし会社が，株主に対して出資金を際限なく払い戻せるとすると，「資本金の額」を登記した意味は失われ，会社の財産が底をつくおそれがあります。そのため，株主への出資金の払い戻しに他ならない，株式会社による「自己株式の取得」は，資金的に余裕がある場合にのみ，認められるにすぎません。しかし，株主にも都合がありますから，出資金を回収する途が確保されていなければなりません。そこで，株式は原則として自由に他人に譲渡できるとして，その代金で出資金を回収する途を確保しています（これを「株式譲渡自由の原則」といいます）。ただし，この原則には例外（実は，こちらは原則といっても過言ではありません。）があるのですが，これについては後述します。

Ⅲ 機　　関

　会社は個人の集まり，すなわち社団ですが，その団体自体が，あたかも一人の人間のように取り扱われます。会社が「法人」たる所以です。そのため，会社としての統一した意思を決定し，これを実行に移すための「機関」が必要になります。

① 株 主 総 会

　まず，出資者である株主は，実質的には会社を所有している人ですから，全員で「株主総会」という「機関」を構成し，「あらゆる」ことを決定できます。
　ただし，次の取締役会を置く場合は，「あらゆる」ではなくなります。

株主総会のイメージ

（1株1議決権）

まず、「株主総会」が会として成立するためには、原則として「過半数」の「議決権」を有する株主が出席しなければなりません（ただし、定款で引き下げることもできます。）。この会として成立するための数を「定足数」といいます。

そして、「株主総会」では多数決の原理により、その「過半数」の同意によって物事が決まるのが原則です（「普通決議」）。ただし、この「過半数」は、「株主」という「人」ではなく、1株につき1個ある「議決権」です。前述のように「株主総会」においては、多数の株式すなわち多数の「議決権」を有する株主が会社に対して大きな影響力を持つのです。

もっとも、より慎重な決議が必要な事柄については、「過半数」では足りず「議決権」の「2/3以上」が必要になります（「特別決議」）。前述の「定款」を変更する権限は株主総会にありますが、その場合には原則として「特別決議」によらなければなりません。

さらに、「特殊決議」や「株主全員の同意」を要する事項もあります。

ただし、株主総会の権限は、その会社が「取締役会」を置く場合には、業務の決定権は原則として「取締役会」に委ねられるので、法律が定める事項及び「定款」で定めた事項（会社の行く末を左右するような重要な事項や取締役や監査役等の選任など）に限られます。ただ、いずれにしても、「株主総会」は株式会社の基本であり、なくてはならない機関です。

② 取締役・取締役会・代表取締役

このような「株主総会」の決議を経た事項を実現するのが、同じく株主総会で選任された「取締役」です。「取締役」の選任は株主総会でなければできません。この「取締役」ですが、こちらも、その会社が「取締役会」を置く会社か否で、性質のみならず権限まで異なってきます。

「取締役会」を置かない株式会社（このような会社を「取締役会非設置会社」といいます。）では、「取締役」は対内的に会社の業務執行を行い、対外的に会社を代表する必ず置かなければならない「機関」です。

しかし、取締役会を設置する株式会社（このような会社を「取締役会設置会社」

2 株式会社

といいます。）では、「取締役」は会社の通常の意思を決定する機関である「取締役会」の「構成員」にすぎません。そのため、「取締役会設置会社」では、会社を代表する取締役、すなわち「代表取締役」が、取締役の中から「取締役会」の決議によって選定されます。この代表権を有する取締役が、通常「社長」や「会長」と呼ばれている人です。ただし、社長や会長、あるいは専務や常務といった役職は法律上のものではなく、登記事項証明書には記載されていません。なお、「取締役会」においても多数決の原理が妥当しますが、「株主総会」とは異なり、取締役一人一人がそれぞれ一議決権を持ちます。すなわち、「取締役会」の議決はすべて、議決権を行使できる取締役の過半数が出席し、その過半数の合意で行われます。取締役は、それぞれ個人としての経営能力を買われて選任されているので、取締役の間に差を設けることは妥当ではないからです。

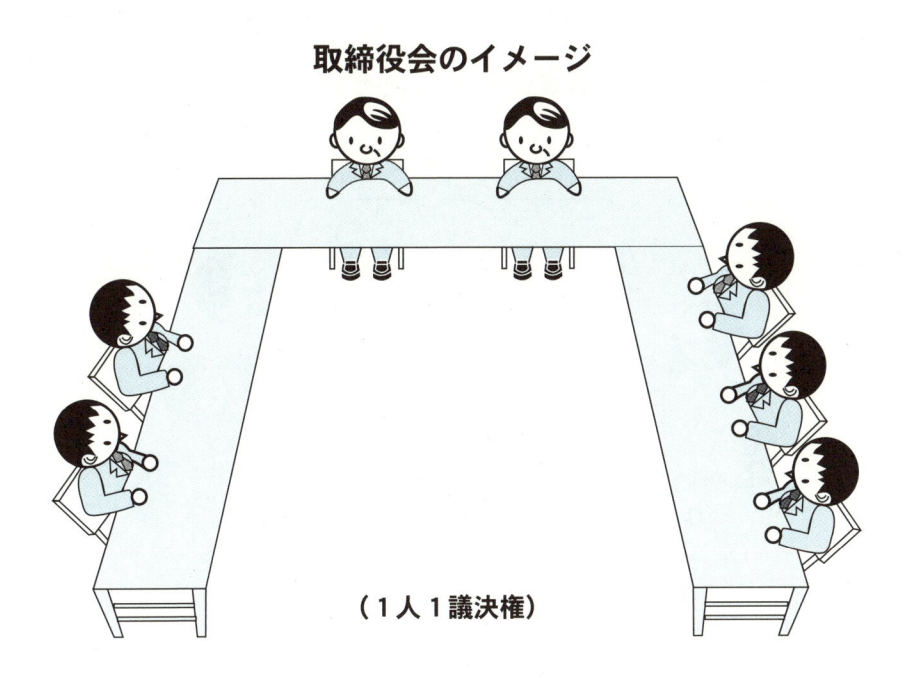

取締役会のイメージ

（1人1議決権）

③　監査役・監査役会

「取締役」や「代表取締役」は，会社の経営者として内部の情報にも通じ，強い権限を持ちます。よって，そこには常に濫用の危険が付きまといます。そこで，取締役や代表取締役の職務の執行を監視する「監査役」という機関が置かれることがあります。

「取締役会設置会社」，「会計監査人設置会社」では監査役を置くことが義務づけられています。さらに「公開大会社」では「監査役会」を設置しなければなりません。「監査役会」とは3人以上の監査役で構成される会社の機関であり，「取締役会」と似ていますが，監査役は取締役とは異なり，各自が独立の業務監査機関であることに変わりはありません。なお，いわゆる「委員会設置会社」（⑤を参照して下さい）では，「監査委員」がいるので「監査役」を置くことはできません。

監査役会のイメージ

④ その他の機関等

その他,「会計参与」「会計監査人」といった機関や役職もありますが,こちらについては第3章 7 で説明します。

⑤ 委員会設置会社

機関構成で,特殊なものとして「委員会設置会社」というものがあります。「委員会設置会社」では,取締役会の決議により,取締役の中から各委員会すなわち「指名委員会」「監査委員会」「報酬委員会」の委員が3人以上選定されます。ただし,それぞれの委員の過半数は「社外取締役」でなければなりません。

また,1人又は2人以上の「執行役」(いわゆる「執行役員」とは異なります。)も取締役会で選任され,2人以上場合には,「代表執行役」が選定されます。「執行役」は取締役を兼ねることができ,指名委員及び報酬委員にもなれますが,「監査委員」になることはできません。監査する側とされる側が同一人物では,監査の意味がないからです。

この制度は,アメリカ法を模範に導入されたものであり,「執行役」による機動的な業務執行が可能となる点,及び取締役が「執行役」による業務執行の監督に専念することにより,効率のよい「業務監査」を確保できる点で優れた制度とされています。

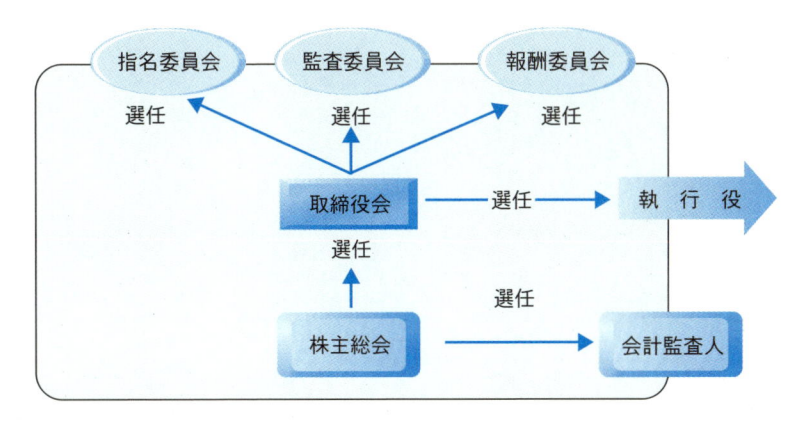

第2章　商業登記の読み方（基礎編）

　株式会社は，規模の大小，「公開会社」であるか否かを問わず，「定款」で定めることにより，「委員会設置会社」になることができます。ただし，前述のように「監査役」を置くことはできず，他方，「取締役会」のみならず「会計監査人」を置かなければならないとされております。

　実際にこの制度を採用している企業は多くはありません。

⑥　会社と役員の法律関係

　会社は事務処理を取締役等の役員（「執行役」も含めます。）に委託し，役員は事務を処理した報酬を会社から受け取ります。このような関係から，会社と取締役等の役員との間には「有償の委任契約」の関係があるとされています。「契約」は「約束」ですから，守られないときは一方は他方に対して，それによって生じた損害を賠償する責任を負います。ただし，この責任を限定する制度もあります（第3章 6 ）。

　また，「委任」は両者の信頼関係の上に成り立つ契約ですので，両当事者はいつでも契約を解除すること（将来に向かって無かったことにすること）ができるとされています。これについては，(5)(11)に関係します。

Ⅳ　株式会社の定款

　株式会社の大部分の機関構成は，ⅰ「株主総会」+「取締役」か，ⅱ「株主総会」+「取締役会」+「代表取締役」+「監査役」です。ⅰの構成は「特例有限会社」で確認するとして，以下ではⅱの機関構成を採用した株式会社の定款を見てみましょう。

定　　　款

　　　　第1章　　総　　則
（商　号）
第1条　当会社は，○○○○株式会社と称する。
（目　的）
第2条　当会社は，次の事業を営むことを目的とする。
　　　　1．国内および海外の不動産に関する総合情報提供サービス業
　　　　2．情報処理サービス業
　　　　3．印刷業
　　　　4．前各号に付帯または関連する一切の業務
（本　店）
第3条　当会社は，本店を東京都港区に置く。
（機　関）
第4条　当会社は，株主総会および取締役のほか，次の機関を置く。
　　　　1．取締役会
　　　　2．監査役
（公告方法）
第5条　当会社の公告は，官報に掲載する方法によって行う。

第2章　株　式

（発行可能株式総数）

第6条　当会社の発行可能株式総数は，12万株とする。

（株券の不発行）

第7条　当会社の株式については，株券を発行しない。

（株式の譲渡制限）

第8条　当会社の株式を譲渡により取得することについて取締役会の承認を要する。

（株主割当による募集事項等の決定）

第9条　当会社は，発行する株式または処分する自己株式を引き受ける者を募集する場合において，株主に株式の割当てを受ける権利を与えるときは，当該募集事項その他法令に定める事項は株主総会の特別決議によって定める。

（相続人等に対する売渡しの請求）

第10条　当会社は，相続その他の一般承継により当会社の株式を取得した者に対し，その株式を当会社に売り渡すことを請求することができる。

（株主名簿への記載又は記録請求）

第11条　当会社の株式について株主名簿への記載又は記録を請求するには，当会社所定の書式による請求書に記名押印し，提出しなければならない。

　②　譲渡以外の事由による株式の取得である場合は，当会社の請求により，その事由を証明する書面を提出しなければならない。

（質権の登録および信託財産の表示）

第12条　当会社の株式について質権の登録または信託財産の表示を請求するには，当会社所定の書式による請求書に当事者が記名押印し，提出しなければならない。その登録または表示の抹消についても同様

とする。
（手数料）
第13条　前2条に定める請求をする場合は，当会社所定の手数料を支払わなければならない。
（株主の住所等の届出）
第14条　当会社の株主および登録株式質権者またはその法定代理人もしくは代表者は，当会社所定の書式により，その氏名，住所および印鑑を当会社に届け出なければならない。届出事項に変更が生じたときは，その事項について同様とする。

　　　第3章　　株主総会
（招　集）
第15条　当会社の定時株主総会は，事業年度末日の翌日から3ヶ月以内に招集し，臨時株主総会は，その必要がある場合に随時これを招集する。
　②　株主総会を招集するには，各株主に対して，会日の1週間前に書面による通知を発する。
（議　長）
第16条　株主総会の議長は，社長がこれに当たる。社長に事故があるときには，他の取締役がこれに代わる。
（決議の方法）
第17条　株主総会の決議は，法令または本定款に別段の定めがある場合を除き，出席した議決権を行使することができる株主の議決権の過半数をもって行う。
　②　会社法第309条第2項に定める決議は，議決権を行使することができる株主の議決権の過半数を有する株主が出席し，その議決権の3分の2以上に当たる多数をもって行う。

（議決権の代理行使）
第18条　株主は，当会社の議決権を有する他の株主を代理人として，その議決権を行使することができる。この場合，株主または代理人は，株主総会ごとに代理権を証明する書面を当会社に提出しなければならない。

　　　第4章　　取締役および取締役会
（員　数）
第19条　当会社の取締役は，10名以内とする。
（選任方法）
第20条　取締役は，株主総会において選任する。
　②　取締役の選任決議は，議決権を行使することができる株主の議決権の3分の1以上を有する株主が出席し，その議決権の過半数をもって行う。
　③　取締役の選任決議は，累積投票によらないものとする。
　④　取締役の解任決議は，議決権を行使することができる株主の議決権の過半数を有する株主が出席し，その議決権の3分の2以上に当たる多数をもって行う。
（任　期）
第21条　取締役の任期は，選任後2年以内に終了する事業年度のうち最終のものに関する定時株主総会の終結の時までとする。
　②　任期の満了前に退任した取締役の補欠として，または増員により選任された取締役の任期は，退任した取締役または現任取締役の任期の満了すべき時までとする。
（取締役会の招集）
第22条　取締役会は，法令に別段の定めがある場合を除き，社長が招集するものとし，その通知は各取締役および監査役に対して会日の3日

前に発する。ただし，緊急の必要があるときは，この期間を短縮することができる。
(取締役会の決議の省略)
第23条　当会社は，会社法第370条の要件を充たしたときは，取締役会の決議があったものとみなす。
(代表取締役および役付取締役)
第24条　当会社に社長1名を，必要に応じて専務取締役および常務取締役各若干名を置き，取締役会の決議によって取締役の中から選定する。
　②　社長は，当会社を代表する。
　③　社長のほか，取締役会の決議によって，当会社を代表する取締役を選定することができる。
(業務執行)
第25条　社長は，当会社の業務を統轄し，専務取締役または常務取締役は，社長を補佐してその業務を分掌する。
　②　社長に事故があるときは，あらかじめ取締役会において定めた順序に従い，他の取締役が社長の業務を代行する。
(報酬等)
第26条　取締役の報酬，賞与その他の職務執行の対価として当会社から受ける財産上の利益（以下，「報酬等」という。）は，株主総会の決議によって定める。

　　　第5章　　監　査　役
(員　数)
第27条　当会社の監査役は，2名以内とする。
(選任方法)
第28条　監査役は，株主総会において選任する。
　②　監査役の選任決議は，議決権を行使することができる株主の議決

権の3分の1以上を有する株主が出席し，その議決権の過半数をもって行う。

（任　期）

第29条　監査役の任期は，選任後4年以内に終了する事業年度のうち最終のものに関する定時株主総会の終結の時までとする。

②　任期の満了前に退任した監査役の補欠として選任された監査役の任期は，退任した監査役の任期の満了する時までとする。

（職　務）

第30条　監査役は，取締役の職務の執行を監査する。

（報酬等）

第31条　監査役の報酬等は，株主総会の決議によって定める。

　　　　第6章　　計　　算

（事業年度）

第32条　当会社の事業年度は，毎年4月1日から翌年3月31日までの1年とする。

（剰余金の配当等）

第33条　当会社の期末配当の基準日は，毎年3月31日とする。

②　前項のほか，基準日を定めて剰余金の配当をすることができる。

③　当財産が金銭である場合は，当会社がその支払の提供をしてから満3年を経過したときは，当会社はその支払の義務を免れるものとする。

　　　　第7章　　附　　則

（設立に際して出資される財産の最低額および資本金の額）

第34条　当会社の設立に際して出資される財産の最低額は，金1,000万円とし，その全額を資本金とする。

（最初の事業年度）
第35条　当会社の最初の事業年度は，当会社成立の日から平成20年3月31日までとする。

（設立時の役員）
第36条　当会社の設立時取締役および設立時監査役は，次のとおりとする。
　　　　　　設立時取締役　　○○○○
　　　　　　設立時取締役　　△△△△
　　　　　　設立時取締役　　××××
　　　　　　設立時監査役　　▲▲▲▲

（設立時の代表取締役）
第37条　当会社の設立時代表取締役は，次のとおりとする。
　　　　　　東京都港区麻布●●●●
　　　　　　設立時代表取締役　○○○○

（発起人の氏名および住所）
第38条　当会社の発起人の氏名および住所は，次のとおりである。
　　　　　　東京都目黒区下目黒●●●●
　　　　　　株式会社○○○○

（定款に定めのない事項）
第39条　本定款に定めのない事項については，すべて会社法その他の法令の定めるところによる。

第2章 商業登記の読み方（基礎編）

Ⅴ　株式会社の登記事項証明書

Ⅳの「定款」を持つ株式会社の「登記事項証明書」です。ただし，⑧の「株券を発行する旨の定め」は，Ⅳの定款では本来は記載されないのですが，説明の都合上，入れさせていただきました。

まず，この証明書がどういった種類のものかというと，一定期間の変更の過程なども記載された「履歴事項全部証明書」であることが表題と⑯の記載例から判別できます。

履歴事項全部証明書⑮

本店　　　　東京都港区新橋●●●●
商号　　　　●●●●株式会社
会社法人等番号　●●●●―●●―●●●●●●●

商　　　号①	○○○○株式会社 ●●●●株式会社	
		平成20年9月1日変更
		平成20年9月5日登記
本　　　店②	東京都港区新橋●●●●	
公告をする方法③	官報に掲載する方法によって行う。	
会社成立の年月日④	平成18年4月1日	
目　　　的⑤	1．国内および海外の不動産に関する総合情報提供サービス業 2．情報処理サービス業 3．印刷業 4．前各号に付帯または関連する一切の業務	
発行可能株式総数⑥	12万株	
発行済株式の総数並びに種類及び数⑦	発行済株式の総数10万株	
株券を発行する旨の定め⑧		
資本金の額⑨	金1,000万円	
株式の譲渡制限に関する規定⑩	当会社の株式を譲渡により取得することについて取締役会の承認を得なければならない。	

2　株式会社

役員に関する事項⑪	取締役　〇〇〇〇	平成●年●月●日重任
	取締役　〇〇〇〇	平成●年●月●日登記
	取締役　△△△△	平成●年●月●日重任
	取締役　△△△△	平成●年●月●日登記
	取締役　〇〇〇〇	平成●年●月●日重任
	取締役　××××	平成●年●月●日登記
	(住所)東京都港区麻布●●● 代表取締役　〇〇〇〇	平成●年●月●日重任
	(住所)東京都港区麻布●●● 代表取締役　〇〇〇〇	平成●年●月●日登記
	監査役　▲▲▲▲	平成●年●月●日重任
	監査役　▲▲▲▲	平成●年●月●日登記
取締役会設置会社に関する事項⑫	取締役会設置会社	平成17年法律第87号第136条の規定により平成18年5月1日登記
監査役設置会社に関する事項⑬	監査役設置会社	平成17年法律第87号第136条の規定により平成18年5月1日登記
登記記録に関する事項⑭	設立 平成18年4月1日登記	

　これは登記簿に記録されている閉鎖されていない事項の全部であることを証明した書面である。⑯

　　　　　　　　　　　　平成22年　　月　　日
　　　　　　　　　　東京法務局港出張所⑱

　　　　　　　　　登記官　　山　田　太　郎　　　　印

整理番号12345

　＊下線のあるものは抹消事項であることを示す。⑰

75

第２章　商業登記の読み方（基礎編）

■　商　　号　①

商　号①	○○○○株式会社 ●●●●株式会社
	平成20年９月１日変更
	平成20年９月５日登記

　「商号」は，会社の「名前」です。この会社は，平成20年９月１日に商号を変更し，その変更登記を平成20年９月５日にしたことが分かります。

　ところで「商号」で使用できる文字ですが，漢字・ひらがな・カタカナが使えるのは当然です。これに加えて，平成14年の商業登記規則等の改正によって，新たにローマ字その他の符号を使うことができるようになりました。基本的な使用方法は下記のとおりです。

> （ⅰ）　ローマ字（大文字及び小文字）
> 　　　ローマ字を用いて複数の単語を表記する場合に限り，当該単語の間を区切るために空白（スペース）を用いることもできます。
> （ⅱ）　アラビヤ数字
> （ⅲ）　「＆」（アンパサンド），「'」（アポストロフィー），「,」（コンマ），
> 　　　「－」（ハイフン），「.」（ピリオド），「・」（中点）
> 　　これらは字句を区切るもので，よって商号の先頭や末尾に使うことはできませんが，「.」（ピリオド）だけは末尾で用いることもできます。

　たとえば，「ＡＢＣ日本株式会社」のように日本文字とローマ字を組み合せた商号や，「１１１株式会社」のように数字のみの商号も登記することができます。また，大文字，小文字のどちらも商号に使用して登記することができます。

　しかし，ローマ字の読みを括弧書きで登記すること（例「ＡＢＣ（エイビーシー）株式会社」）はできません。また，会社はその「種類」を商号の中に使用することが義務付けられていますので，たとえば「株式会社」を「K.K.」，「Company Incorporated」，「Co., Inc.」，「Co., Ltd.」に代えて登記することはできません。

2　株式会社

　なお，次の②本店とも絡むのですが，会社法では「類似商号規定」が廃止されたことに伴い，商号が同一で，かつ，本店所在地が同一でない限り，設立登記（商号変更を含む）をすることができます。たとえば，株式会社ＡＢＣと有限会社ＡＢＣも，商号は同一ではありませんので，本店所在地が同一でも登記できます。ただし，不正の目的をもって他の会社と誤認されるおそれのある名称又は商号を使用すると，その他の会社から侵害の停止又は予防，さらには損害の賠償を請求されるおそれがありますので，ご注意ください。

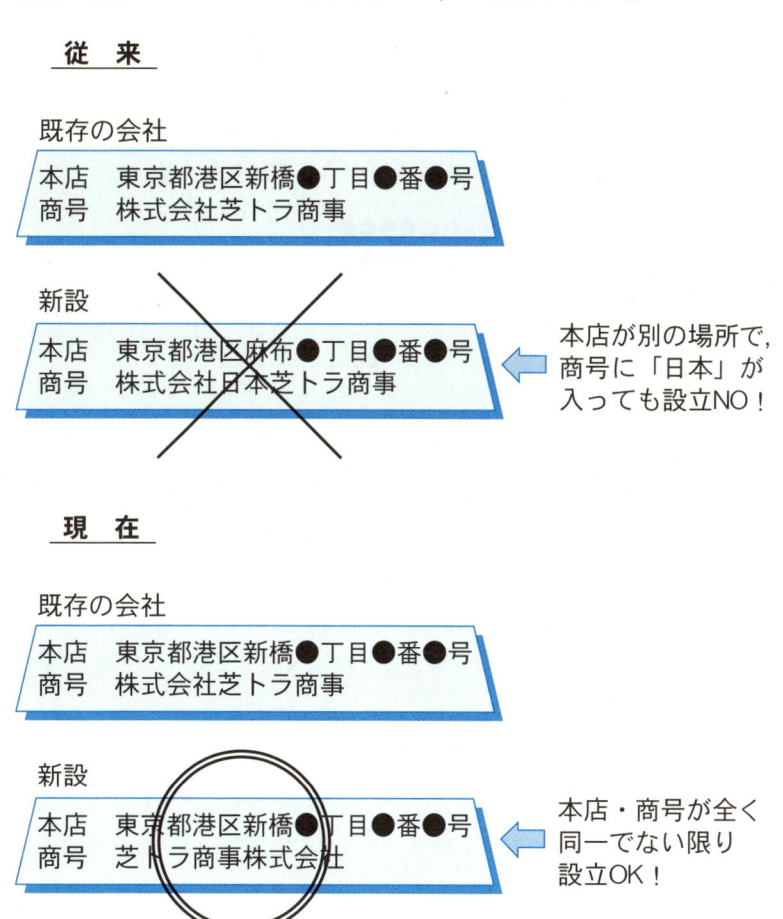

従　来

既存の会社
| 本店 | 東京都港区新橋●丁目●番●号 |
| 商号 | 株式会社芝トラ商事 |

新設
| 本店 | 東京都港区麻布●丁目●番●号 |
| 商号 | 株式会社日本芝トラ商事 |

←本店が別の場所で，商号に「日本」が入っても設立NO！

現　在

既存の会社
| 本店 | 東京都港区新橋●丁目●番●号 |
| 商号 | 株式会社芝トラ商事 |

新設
| 本店 | 東京都港区新橋●丁目●番●号 |
| 商号 | 芝トラ商事株式会社 |

←本店・商号が全く同一でない限り設立OK！

第2章　商業登記の読み方（基礎編）

■ 本　　店 ②

本　　店②	東京都港区新橋●●●●

　「本店」は，会社の「住所」です。通常は，この場所で営業しているのですが，中には，登記簿上の「本店」とは，別の場所を「本社」等として営業している会社もあります。
　この会社は港区に本店を置いているので，東京法務局港出張所が管轄法務局であり，ここに登記データが保管されています。
　ところで，私たちも引越しをするように，会社も引越しをします。そして，同一の法務局の管轄内で引越しをしたとき，たとえば「港区芝●●●●」に本店を移転した場合には下記のように記載されることになります。

本　　店	東京都港区新橋●●●●	
	~~東京都港区芝●●●●~~	
		平成20年4月1日変更
		平成20年4月8日登記

　これに対して，他の法務局の管轄区内に移転した場合，たとえば，東京都港区から東京都渋谷区（管轄法務局は東京法務局渋谷出張所になります。）へ本店を移転した場合には，この港出張所にある「登記簿」は閉鎖され，渋谷出張所に新しい「登記簿」が作られます。
　港出張所にある登記事項証明書の⑭「登記記録に関する事項」には「年月日東京都渋谷区●●へ本店移転」と記載され閉鎖されますので，以後，「閉鎖事項証明書」しか取得できなくなります。そして，渋谷出張所で，新たな登記事項証明書が作られますが，この際，港出張所で保存されている会社のデータのうち，現在効力が認められる事項についてのみ抽出され，渋谷出張所に送られます。したがって，渋谷出張所で取得できる登記事項証明書（現在事項・履歴事項）では，それまでの変更の経緯を知ることはできません。それを知るためには港出張所で閉鎖事項証明書を取得する必要があります。そして，渋谷出張所

で取得できる登記事項証明書の⑭「登記記録に関する事項」には,「年月日東京都港区●●から本店移転」と記載されています。

登記記録に関する事項⑭	平成20年1月1日東京都港区●●から本店移転 平成20年1月9日登記

また,登記簿に記載された行政区画等に変更があった場合,たとえば,「埼玉県浦和市」が「埼玉県さいたま市浦和区」になったような場合には,その旨の変更の登記申請がない場合であっても,その変更による登記申請があったものとみなされます。このように行政側の都合によるときは,基本的には無料ということです。

なお,定款上の「本店」の記載は,最小行政区画までで足ります。したがって,たとえば,定款で「当会社は,本店を東京都港区に置く。」と定められていれば,港区内での移転である限り,定款変更は必要ありません。これに対して,他管轄,たとえば渋谷区に移転する場合には,定款変更が必要になります。具体的には定款第3条(本店)を,「当会社は,本店を東京都渋谷区に置く。」と変更しなければなりません。

第2章　商業登記の読み方（基礎編）

■　公告をする方法　③

公告をする方法③	官報に掲載してする

　次に，「公告する方法」ですが，これは公(おおやけ)に会社にかかわる情報をお知らせする方法です。

　会社の周囲には多くの利害関係を有する人たち（もちろん，他の会社も含みます。）が存在しますから，これらの人たちの利害に影響を及ぼすおそれがあることは「公告」されるべきです。たとえば，株式会社は「決算書」を公告しなければならず，そこから会社の経営状態を知ることができます。また，他の会社と合併して消滅する場合や，資本金を減らす場合など，その事実をできる限り多くの人びとにお知らせしなければなりません。そのため，この「公告方法」も登記事項とされています。

　この会社であれば，決算書や合併に関する記事，資本金の減少に関する記事も（「官報」に）掲載されますので，「官報」をチェックしていれば，それらの情報は入手できます。もっとも，現在，「官報」の発行部数は約5万部といわれており，皆さんの中でも購読されている方はあまりいないと思われます。よって，公示の効果がどれほどあるのかは，実はいささか疑問です。

2 株式会社

　公告方法としては，「官報」のほか，「日刊新聞紙（時事に関する事項を記載するもの。たとえば日本経済新聞や読売新聞など。）」，さらには「電子公告」も認められていますが，「電子公告」につきましては第3章 2 をご参照ください。
　なお，公告方法を定めなかった場合には，「官報に掲載する方法」によるものとみなされます。

■　会社成立の年月日　④

| 会社成立の年月日④ | 平成18年4月1日 |

　「会社成立の年月日」は，すなわち会社の「生年月日」です。
　会社は設立の登記をしたときに成立しますから，この日付は法務局に登記が持ち込まれた日ということになります。そして，まさに「この日」に，会社は法人格を取得することになります。すなわち，1個の取引主体として，他人と契約したりできるようになります。
　したがって，「この日」より前の日に，たとえば発起人等がこの会社の代表者として，業務に関する契約を締結したとしても，原則として会社に対しては効力を生じません。

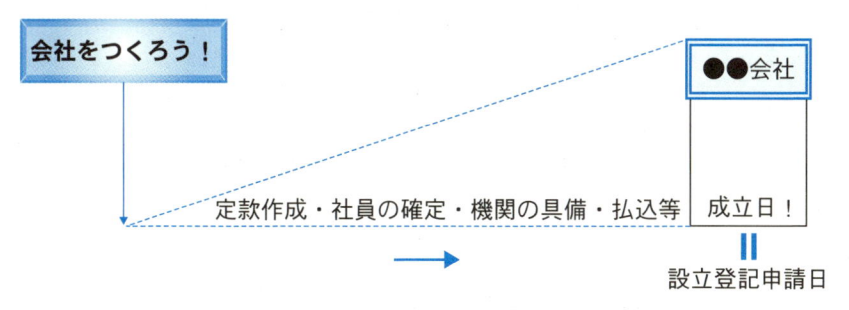

会社をつくろう！

定款作成・社員の確定・機関の具備・払込等

●●会社

成立日！
＝
設立登記申請日

※　会社の登記事項証明書・印鑑証明書は登記完了後（現在は大体1週間くらいです），初めて取得できます。

第2章　商業登記の読み方（基礎編）

■　目　　的　⑤

目　　的⑤	1．国内および海外の不動産に関する総合情報提供サービス業 2．情報処理サービス業 3．印刷業 4．前各号に付帯または関連する一切の業務

　「目的」は，その会社がどのような仕事をしているかを表示します。この会社は上記のような目的を置いていますが，だからといって目的にあるすべての事業を営んでいるとは限りませんので，この点は誤解しないようにしてください。

　また，従来，会社の目的は「具体的」であることが要求されており，この目的の範囲内で，会社は「権利」を有し，「義務」を負うとされていました。ただ，その目的を遂行する上で直接又は間接に必要な行為であれば，この目的の範囲内に含まれると考えられていましたので，それほど制限されたものではありませんでした。しかし，もちろん目的と全くかかわりのない業務をすることができませんので，会社の目的はチェックしておくに越したことはありません。

　現在，会社法が施行されたことに伴い，新しい事業の規制にならないように，目的の「具体性」は問わないことになりました。したがって，「商業」や「商取引」といった，これ以上ないような広範囲にわたる目的を設定することも可能になっています。

2　株式会社

■　発行可能株式総数　⑥

| 発行可能株式総数⑥ | 12万株 |

　「発行可能株式総数」は文字通り，その会社が発行できる株式の総数（上限）です。

　設立に際して，会社はあらかじめ「発行可能株式総数」を決めておかなければならず，「公開会社」ではそのうち1／4以上の株式を発行しなければなりません。しかし，「非公開会社」ではこのような規制はありません。そして設立後，残りの株式は必要に応じて取締役会等の決議により発行できるので「授権資本」とも呼ばれます。「発行可能株式総数」は，すでに存在する株主の持ち株比率（＝会社に対する影響力）が低下することに歯止めをかけながら，「募集株式の発行」によって機動的な資金調達を図ることを可能にしています。

　この会社では，⑺の発行済株式数が10万株ですから，あと2万株発行することができます。では，それ以上は発行できないのかというと，そうではありません。「発行可能株式総数」を，たとえば15万株に変更すれば，あと5万株発行することができます。ただし，「発行可能株式総数」は定款の絶対的記載事項ですから，定款の条文（第6条）変更をしなければならず，よって株主総会の特別決議が必要ですから，この手続きによって既存株主の保護も図られています。

第2章 商業登記の読み方（基礎編）

■ 発行済株式の総数並びに種類及び数 ⑦

発行済株式の総数並びに種類及び数⑦	発行済株式の総数10万株

「発行済株式の総数並びに種類及び数」には，現時点で既に発行されている株式の種類と総数が記載されています。見ていただければおわかりのように右側の欄には，種類の記載がありません。よって，この会社では普通株のみが発行されており，内容が異なる種類株は発行されていないことがわかります。したがって，株主はここをみれば，自分が持っている株式のシェア（発行済株式総数に占める割合），言い換えれば，会社への影響力を知ることができます。

ところで，株式は，数個の株式を併せて一株とすること（「株式の併合」）も，逆に，数個の株式に分けることもできます（「株式の分割」）。株式分割により，1株を2株に分割した場合には，下記のように「発行済株式の総数並びに種類及び数」が変更されます。もちろん，「⑥発行可能株式総数」を超えることはできませんので，超える場合には定款変更が必要になります。

発行済株式の総数並びに種類及び数	発行済株式の総数 　100株	
	発行済株式の総数 　200株	平成21年4月1日変更
		平成21年4月5日登記

また，会社が資金を調達する方法として，株式を発行して，その払込金を集めることがあります。これを「募集株式の発行」といいます。この場合，払込金の1/2は「資本金」として計上しなければならないので，発行済株式の総数が増えるとともに，必然的に「資本金」の増額を伴います。したがって，この場合には下記のように「発行済株式の総数並びに種類及び数」のみならず，「資本金の額」も変更されます。

2 　株 式 会 社

発行済株式の総数並びに種類及び数	発行済株式の総数 100株	
	発行済株式の総数 200株	平成21年4月1日変更
		平成21年4月5日登記
資本金の額	金500万円	
	金1,000万円	平成21年4月1日変更
		平成21年4月5日登記

コラム

【発行済株式並びに種類及び数】

　株式のシェア（発行済株式総数に占める持株の割合）は，その会社に自分の意向をどれくらい反映させられるかを決める非常に重要な数字です。34％，51％，67％，100％，数字が高くなればなるほど，自由度が増すというのは，オーナー社長の例を思い出していただければ，ご理解いただけるかと思います。上場会社のシェアの奪い合いも異なるところはなく，最近よく新聞紙上を賑わせたりしています。公開買付で株式を集める買収者に対して，新株を発行して分母である発行済株式総数を増やしてシェアを下げる対象企業といった構図が一般的です。

　もっとも，すべての会社で，単純にこのシェアが物を言うとは限りません。後で説明する種類株や属人的株式によって，たとえ1株でも会社のキャスティングボードを握れることもあります。

第2章 商業登記の読み方（基礎編）

■　株券を発行する旨の定め　⑧

株券を発行する旨の定め⑧	当会社の株式については，株券を発行する平成17年法律第87号第136条の規定により平成18年5月1日登記

　「株券を発行する旨の定め」は，株式に対して株券（「証券という紙になった株式」と考えてください。）を発行する会社である場合に記載されます（このような定めを置いている会社を「株券発行会社」といいます。）。ただし，株券発行会社であっても，「非公開会社」では，株主から請求がなければ株券を発行しなくてもかまいませんし，いわゆる株券不所持制度を採用している場合も株券は発行されません。したがって，この会社でも必ずしも実際に株券が発行されているとは限りません。

　株券を発行しない会社（「株券を発行する旨の定め」を置いていない，あるいは「株券を発行しない旨の定め」を置いている会社を「株券不発行会社」といいます。）では，「登記事項証明書」自体に「株券を発行する旨の定め」の欄がありません。つまり，上記のような記載がなければ，株券不発行会社ということです。設例の会社では，定款第7条で「株券を発行しない」と定めていますから，本来であれば，登記事項証明書にも上記の記載はありません。現在では，株券を発行しないほうが原則になっています。

2 株式会社

　ところで，⑧の右側には「平成17年法律第87号第136条の規定により平成18年5月1日登記」と記載があります。たびたび出てきているので，気になっている方もいるのではないでしょうか？

　まず，「平成17年法律第87号」は「会社法の施行に伴う関係法令の整備に関する法律」いわゆる「整備法」です。そして，同法第136条は，商業登記に関する条文であり，簡単にいうと「登記簿上に生じた不都合は，職権で登記しなさい」という規定です。つまり，このような記載がある欄は，会社法の施行に伴い新たに記載ないしは変更された事項欄なのです。また，会社法は平成18年5月1日に施行され，その日から順次，この「職権登記」が行われたので，平成18年5月1日に登記された会社もあれば，5月5日になってしまった会社もあります。よって，この日付自体は会社によって多少異なります。

第2章　商業登記の読み方（基礎編）

■　資本金の額　⑨

資本金の額	金1,000万円

「資本金の額」については，先に 2 Ⅱで説明しました。

　この会社の資本金は1,000万円ですが，「資本金の額」を変更することも，もちろん可能です。増額する場合を「増資」，減額する場合を「減資」といいます。

【増資の記載】

資本金の額	金500万円	
	金1,000万円	平成21年4月1日変更
		平成21年4月5日登記

【減資の記載】

資本金の額	金1,000万円	
	金500万円	平成21年4月1日変更
		平成21年4月5日登記

　このように「増資」も「減資」も，「登記事項証明書」の記載だけ見ると単純ですが，その裏にはさまざまな事情が隠れていたりします。

　まず，「増資」では，社内で保有している利益等を資本金に組み入れることでも可能であり，その場合には「登記事項証明書」の記載は上記のとおりです。しかし，「募集株式の発行」によって行われるときは，「資本の額」はもとより「発行済株式総数」の増加も伴います。さらに，その発行先が，企業への融資をなりわいとするファンド等の場合には，普通株式ではなく，「種類株」として発行されることがほとんどです。ファンド等もお金を貸すのが仕事なので，なるべくリスクを回避しながら，できる限り多くの利益を上げるためです。したがって，このような場合には，「種類株」に関する登記も同時に行われることがあります。なお，「種類株」については第3章 3 で説明します。

　他方，「減資」は，事業を縮少する場合や，余裕がないとできない利益配当を可能にするため等に，行われます。よって，会社の信用という点ではあまり

2 株式会社

好ましいものではありません。また,「増資」によって資本金が5億円以上となり,「大会社」になってしまうような場合にも,「減資」が行われたりします。

下記は同日で,「増資」と「減資」が行われた事例です。

資本金の額	金5,000万円	
	金6億円	平成21年4月1日変更
		平成21年4月5日登記
	金4億9,500万円	平成21年4月1日変更
		平成21年4月5日登記

なお,「減資」は会社の利害関係人に及ぼす影響が大きいので,債権者に対しては公告や通知等が必要とされ,厳格な手続きを踏まなければなりません。

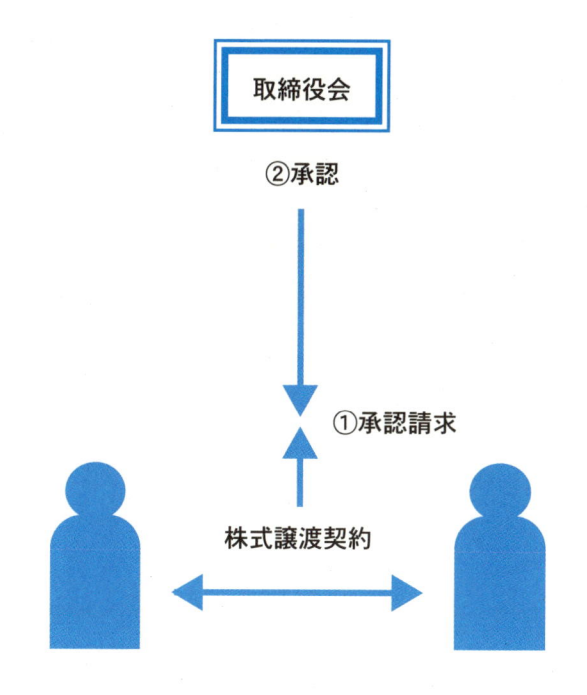

取締役会

②承認

①承認請求

株式譲渡契約

第 2 章　商業登記の読み方（基礎編）

■　**株式の譲渡制限に関する事項**　⑩

| 株式の譲渡制限に関する規定⑩ | 当会社の株式を譲渡により取得するには取締役会の承認を得なければならない。 |

「株式の譲渡制限に関する規定」は，株式を他の人に譲り渡そうとする場合の制限です。

この会社では「取締役会」で「譲渡してもかまいませんよ」と承認されなければなりませんが，承認機関は「株主総会」や「代表取締役」であったりもします。

先に「株式は自由に譲渡できる」と書きましたが，では，なぜこのような制限が認められるのでしょうか？

実は，株式会社の大多数は，株主が 1 人のいわゆるオーナー企業や，家族や兄弟等ですべてを独占している同族会社です（小規模・閉鎖会社）。たまに信頼できる従業員が株主になっているという会社もありますが，皆さんもご存知のような証券取引所に上場している大きな株式会社は実はごくわずかです。このように，株主を身内ばかりで固めている会社にとっては，全くの他人が株主として入ってくるのは正直なところ迷惑な話です。

そこで，株式会社の大原則である「株式譲渡の自由の原則」の例外として，「譲渡禁止」ではなく「譲渡制限」を認め，制限の内容を「株式の譲渡制限に関する規定」として「登記事項証明書」に記載させることにより，注意を促しているのです。

このように，株式の譲渡に一部でも制限がある会社を「非公開会社」，全く制限がない会社を「公開会社」と呼びます。この区別は，非常に重要で，法律上の規制も，「公開会社」か「非公開会社」かでまったくといってよいほど，異なってきます。

本書でも頻繁に出てきていますので，ここで，しっかりと押えておいてください。

2　株式会社

■　役員に関する事項　⑪

役員に関する事項⑪	取締役　〇〇〇〇	平成21年5月31日重任
	取締役　〇〇〇〇	平成21年6月1日登記
	取締役　△△△△	平成21年5月31日重任
	取締役　△△△△	平成21年6月1日登記
	取締役　××××	平成21年5月31日重任
	取締役　××××	平成21年6月1日登記
	(住所)東京都港区麻布●●● 代表取締役　〇〇〇〇	平成21年5月31日重任
	(住所)東京都港区麻布●●●● 代表取締役　〇〇〇〇	平成21年6月1日登記
	監査役　▲▲▲▲	平成21年5月31日重任
	監査役　▲▲▲▲	平成21年6月1日登記

　「役員に関する事項」では，役職と氏名，代表者に関してはさらに住所が記載されています。

　「役員」とは，法律上「取締役」「監査役」「会計参与」をいい，「会計監査人」は除外されています。「会計監査人」は，会社の外部にある独立した専門家による監査機関だからです。ただし，「会計監査人」を置く旨を定款に定めた場合には，会計監査人の氏名・名称は，この「役員に関する事項」に記載されますし，次の「⑫取締役会設置会社に関する事項」「⑬監査役設置会社に関する事項」と同じく「会計監査人設置会社に関する事項」が新たに設けられることになります。

　なお前述のとおり，「社長」「会長」「常務」「専務」，さらにいわゆる「執行役員（委員会設置会社の「執行役」とは異なります）」は，法律上の呼び名ではありませんので，ここには記載されません。

第2章　商業登記の読み方（基礎編）

	取 締 役	監 査 役	会計監査人	会 計 参 与
員　数	1名以上	設置するときは1名以上	設置するときは1名以上	設置するときは1名以上
	取締役会設置会社では3名以上	監査役会設置会社では3名以上		
任　期	公開会社では2年以内	公開会社では4年	1年以内	公開会社では2年以内
	非公開会社では10年以内まで伸長できる	非公開会社では10年以内まで伸長できる		非公開会社では10年以内まで伸長できる

　ところで，記載例の右側を見ていただくと，「平成21年5月31日重任　平成21年6月1日登記」とあります。

　「重任」とは，任期が満了し退任したが，それと同時に再度選任され役員に就任した場合です。先の定款第21条には「取締役の任期は，選任後2年以内に終了する事業年度のうち最終のものに関する定時株主総会の終結の時までとする。」という記載があります。また，監査役についても第29条で同じく「監査役の任期は，選任後4年以内に終了する事業年度のうち最終のものに関する定時株主総会の終結の時までとする。」とされています。取締役も監査役もともに株主総会で選任されますから，任期が満了する定時株主総会において，再選され，その日のうちに就任を承諾すると「重任」と記載されることになります。

　ただし，たとえば，任期が満了する定時株主総会で再選されたが，就任の承諾はその3日後にされたような場合には「重任」とはならず，任期満了による「退任」と，新たに取締役に選任されたことを示す「就任」の2つの登記がされることになります。「委任契約」という「約束」は，定時株主総会での再選という「申込」に対して，3日後に就任の「承諾」がなされたときに，初めて成立するからです。

2　株式会社

役員に関する事項	取締役　△△△△	平成21年5月31日退任
		平成21年6月5日登記
	取締役　△△△△	平成21年6月3日就任
		平成21年6月5日登記

　他方，退任する場合ですが，任期が満了した場合は上記のように「年月日退任」となります。また，役員は任期中，いつでも一方的な意思表示により役員を「辞任」することができますので，辞任の意思表示が会社に到達した時点で効力を生じ，こちらは「年月日辞任」と記載されます。

　気を付けてほしいのは「年月日解任」と記載されている場合です。会社と役員は委任の関係に立ちますので，役員がいつでも辞任できるのと同じく，株主総会も，その決議によって，いつでも役員を辞めさせることができます。これが，「解任」です。

　「解任」は，原則として，会社内部で何らかの騒動を推測させますから，会社の信用という点からはあまり好ましいものではありません。そのため，通常は解任対象となる役員に「辞任届」を出させて，「年月日辞任」で済ませます。にもかかわらず，あえて「解任」と記載されているのですから，よほどのことがあったと推測されます。

　その他の退任事由としては「年月日死亡」，破産による「年月日退任」や「年月日資格喪失（役員にはなれない事由）」などがあります。

　なお，取締役等の地位に係わる訴え（本当に取締役なのかどうか）が提起された場合，裁判所が必要と認めたときは，「取締役等の職務停止の仮処分」と，合わせて「職務代行者選任の仮処分」がされることがあります。記載は下記のとおりですが，このような場合には，会社自体が正常に運営されているかどうか疑問がありますので，取引をする場合は慎重に行って下さい。

第 2 章　商業登記の読み方（基礎編）

役員に関する事項	取締役　△△△△	平成21年 5 月31日就任
		平成21年 6 月 1 日登記
	取締役△△△△の職務停止	平成21年 9 月 3 日東京地方裁判所の決定
		平成21年 9 月10日登記
	取締役職務代行者　××××	平成21年 9 月 3 日東京地方裁判所の決定の取締役△△△△の職務代行者選任
		平成21年 9 月10日登記

2 株式会社

■ 取締役会設置会社に関する事項 ⑫・監査役設置会社に関する事項 ⑬

取締役会設置会社に関する事項⑫	取締役会設置会社	
		平成17年法律第87号第136条の規定により平成18年5月1日登記
監査役設置会社に関する事項⑬	監査役設置会社	
		平成17年法律第87号第136条の規定により平成18年5月1日登記

「取締役会設置会社に関する事項」,「監査役設置会社に関する事項」は,それぞれ,会社の組織として置く場合には,このような記載がされます。「監査役会設置会社」「会計監査人設置会社」「会計参与設置会社」「委員会設置会社」に関する記載も,これらと並べて記載されます。

また,たとえばこれまで監査役を置いていた会社が,監査役を設置しないことにした場合には,その時点で監査役は任期満了により「退任」します。よって,登記事項証明書には下記のような記載がされます。

役員に関する事項	監査役　××××	平成21年4月1日退任
		平成21年4月5日登記

監査役設置会社に関する事項⑬	監査役設置会社	
	平成21年4月1日廃止	平成21年4月5日登記

ちなみに,取締役会設置の定めが廃止された場合,各取締役がそれぞれ会社を代表する権利を持ちますが,その場合の記載は下記のとおりです。

第2章　商業登記の読み方（基礎編）

役員に関する事項	取締役　〇〇〇〇	平成21年5月31日重任
		平成21年6月1日登記
	取締役　△△△△	平成21年5月31日重任
		平成21年6月1日登記
	取締役　××× ×	平成21年5月31日重任
		平成21年6月1日登記
	東京都港区南麻布●●●● 代表取締役　〇〇〇〇	平成21年5月31日重任
		平成21年6月1日登記
	東京都杉並区●●●● 代表取締役　△△△△	平成21年8月1日代表権付与
		平成21年8月5日登記
	神奈川県鎌倉市●●●● 代表取締役　××××	平成21年8月1日代表権付与
		平成21年8月5日登記

取締役会設置会社に関する事項	取締役会設置会社 　　　　平成21年8月1日廃止　平成21年8月5日登記

　なお、この場合でも定款で定めることにより、複数の取締役のうち、1人あるいは2人以上の代表者を選定することも可能です。

2 株式会社

■ 登記記録に関する事項 ⑭

登記記録に関する事項⑭	設立　　　　　　　　　　　　　　　平成18年4月1日登記

　「登記記録に関する事項」では，登記記録の創設，閉鎖，復活の事由，組織変更及び年月日等が記載されます。

　具体的には，「設立」，「本店移転」，「組織変更し解散・設立」，「年月日合併による設立」，「合併による解散（年月日○○地方裁判所の合併無効の判決確定による回復）」，「分割による設立年月日」，「支店所在地での支店の登記：支店の設置・移転・廃止」「清算結了」といった事項が記されます。

コラム

　旧商法の下で，資本金が1円でも設立できる，いわゆる「確認会社」という会社（株式会社又は有限会社）があります。創業者が中小企業の新たな事業活動の促進に関する法律（平成11年法律第18号）に規定する創業者に該当することについて，経済産業大臣の確認を受けることから，この名前が付けられています。ただし，旧商法の下での最低資本金規制の特例措置として認められたため，設立の日から5年以内に1000万円（株式会社の場合。有限会社の場合には300万円）に増資しなければならず，その登記がされないと解散することを定款に定め，さらに，その旨を解散の事由として登記簿に記録されています。

　もっとも，現行の会社法では，最低資本金規制が廃止されたため，「確認」を受けなくても資本金1円の株式会社を設立することが可能になりました。そのため，「確認会社」についても，増資をする必要はなく，上記の定款を取締役会等の決議で変更し，解散の事由の登記を抹消することにより，会社を存続させることができるようになりました。

第2章　商業登記の読み方（基礎編）

　この会社（この登記）がいつできたのか，またどのような経緯でできたのか，さらには，どこから来たのか（従前の本店所在地），などが記載されます。この会社は「設立」ですが，前述のように他の法務局の管轄から本店移転をしてきた会社は，ここに「年月日東京都港区●●から本店移転」と記載されています。

■　そ　の　他　⑮⑯⑰⑱

　⑮は表題であり証明書の種類を，⑯は証明書の種類に応じて，登記官がどのようなことを証明しているかを示します。

　⑰の「下線のあるものは抹消事項であることを示す。」は，登記事項証明書の中で，下線がつけられている記載があり，それは抹消された事項で，現在では効力がない事項であることを示しています。

　⑱は本店所在地を管轄する法務局，この会社は「東京法務局港出張所」を表していますが，別の法務局で取得した証明書では，下記のように本店所在地を管轄する法務局と，その証明書を発行した法務局が列記されます。

【他管轄で取得した登記事項証明書の記載例】

```
（東京法務局港出張所管轄）　←こちらが本店所在地を管轄する法務局
平成21年4月10日


                東京法務局　←こちらが証明書を発行した法務局
                登記官　　　鈴　木　一　郎　　　印
```

3 特例有限会社

I 有限会社とは

「有限会社」とは，現在の会社法施行前に，有限会社法の規定に基づき設立された会社です。

「大規模経営は株式会社で，小規模経営は有限会社で」との国の思惑は見事に外れ，株式会社の大部分が小規模経営となっている実情から，会社法が成立するに際して，従来の有限会社を株式会社に取り込む形での商法の改正が行われ，有限会社法は廃止されました。

そのため，現行の会社法の下では「有限会社」も「株式会社」として取り扱われています。しかし，「役員の任期がないこと」，「決算を公告しなくてもよいこと」など，株式会社とは異なる特例があります。そのため，「有限会社」は「特例有限会社」と呼ばれています。

また，株式会社として扱われることになったため，従前とは異なる点が出てきました。登記事項に関しても，調整をしなければならない部分がありましたが，これについては，有限会社の方で何もしなくても，登記官の職権により変更されました（いわゆる「職権登記」であり，勝手に変えられています）。そのため，現在の有限会社の登記事項証明書は，通常，Ⅲのようになっています。ご覧のとおり，内容は株式会社とほぼ同じです。ただ，役員に関する事項については，有限会社では，原則として取締役はそれぞれ代表権限を有していたことから，取締役のところに住所と氏名があり，代表者は氏名のみとなっています。

なお，現在，会社法の下では，有限会社を設立することは認められておらず，また，合併に際しては存続会社となることができません。今後，「有限会社」は減っていくだけですので，大切にしてください。

第2章　商業登記の読み方（基礎編）

　その他，有限会社は，株券を発行することができないので，株券不発行会社です。したがって，「株券を発行する旨の定め」がありません。また，有限会社では取締役会を置くことはできず，この会社は監査役も置いていないので，「取締役会設置会社に関する事項」「監査役設置会社に関する事項」欄が存在していません。

（特例）有限会社●●商事

※取締役。監査役の任期に制限がない！
※決算公告義務がない！
等々

⬇

商号を変更して株式会社に組織変更が可能！

⬇

株式会社●●商事

※取締役。監査役の任期に制限あり！
※決算公告義務あり！
等々

　　　但し，対外的な信用はUP！

Ⅱ 特例有限会社の定款

　特例有限会社の定款は，有限会社法が会社法に取り込まれて廃止されたことに伴い，会社法が推奨するモデルはあるのですが，実際には旧有限会社法に基づく定款のままという会社がほとんどです。

　ここでは，後学のため旧定款と会社法が推奨する改正案を対比した定款を紹介します。

第2章　商業登記の読み方（基礎編）

現　　　行	改　正　案
1章　総　則 （商　号） 第1条　当会社は，有限会社○○○○と称する。 （目　的） 第2条　当会社は，次の事業を営むことを目的とする。 1．家庭電器用品の製造及び販売 2．前号に附帯関連する一切の事業 （本店の所在地） 第3条　当会社は，本店を東京都港区に置く。 （資本の総額） 第4条　当会社の資本の総額は，金300万円とする。 【新設】 第2章　社員及び出資 （出資の口数及び出資1口の金額） 第5条　当会社の資本は，これを300口に分かち，出資1口の金額は，金1万円とする。 （社員の氏名，住所及びその出資口数） 第6条　社員の氏名，住所及びその出資口数は，次のとおりとする。 　　東京都港区●●●● 　　50口　　○○○○ 　　埼玉県さいたま市浦和区●●●● 　　10口　　×××× 【新設】 【新設】	第1章　総　則 【第1条から第3条までは，現行どおり】 【削除】 （公告をする方法） 第4条　当会社の公告は，官報に掲載してする。 第2章　株　式 【削除】 【削除】 （発行可能株式総数） 第5条　当会社の発行可能株式総数は，60株とする。 （株式の譲渡制限） 第6条　当会社の株式を譲渡により取得することについて当会社の承認を要する。 2　当会社の株主が当会社の株式を譲渡により取得する場合においては当会社が承

	認したものとみなす。
第3章　社員総会	**第3章　株主総会**
（社員総会）	（株主総会）
第7条　当会社の社員総会は，定時総会及び臨時総会とし，定時総会は，営業年度末日の翌日から2ヶ月以内に開催し，臨時総会は，その必要がある場合に随時開催するものとする。	第7条　当会社の株主総会は，定時総会及び臨時総会とし，定時総会は，事業年度末日の翌日から2ヶ月以内に開催し，臨時総会は，その必要がある場合に随時開催するものとする。
（招集）	（招集）
第8条　社員総会は，社長たる取締役が招集する。	第8条　株主総会は，社長たる取締役が招集する。
2　社員総会を招集するには，会日より1週間前に，社員に対してその通知を発することを要する。但し，総社員の同意があるときは招集の手続を経ずしてこれを開催することができる。	2　株主総会を招集するには，会日より1週間前に，株主に対してその通知を発することを要する。但し，総株主の同意があるときは招集の手続を経ずしてこれを開催することができる。
（議長）	（議長）
第9条　社員総会の議長は，社長たる取締役がこれにあたる。社長に事故があるときは，他の取締役がこれに代わる。	第9条　株主総会の議長は，社長たる取締役がこれにあたる。社長に事故があるときは，他の取締役がこれに代わる。
（決議）	（決議）
第10条　社員総会の決議は，法令又は定款に別段の定めがある場合のほか，総社員の議決権の過半数を有する社員が出席し，出席した社員の議決権の過半数をもって決する。	第10条　株主総会の決議は，法令又は定款に別段の定めがある場合のほか，議決権を行使することができる株主の議決権の過半数を有する株主が出席し，出席した株主の議決権の過半数をもって決する。
2　社員総会の決議をなすべき場合において，総社員の承諾があるときは，書面又は電磁的方法による決議をなすことができる。	【削除】
【新設】	2　株主総会の決議について，会社法第309条第2項に定める特別決議を要するときは，総株主の半数以上であって，当該株主の議決権の4分の3以上に当たる多数をもって行う。
（議決権）	（議決権）
第11条　各社員は，出資1口につき1個の議決権を有する。	第11条　各株主は，1株につき1個の議決権を有する。

(議事録)
第12条　社員総会における議事の経過の要領及びその結果については，これを議事録に記載又は記録し，議長及び出席した取締役がこれに記名押印又は電子署名する。

第4章　役　員

(員数及び選任の方法)
第13条　当会社には，取締役1名以上5名以内を置き，社員総会において選任する。
2　取締役を複数名置くときは，内1名を代表取締役とし，社員総会において選任するものとする。
3　当会社を代表する取締役は，社長とする。

【新設】

(報酬及び退職慰労金)
第14条　取締役の報酬及び退職慰労金は，社員総会の決議をもって定める。

第5章　計　算

(営業年度)
第15条　当会社の営業年度は，毎年4月1日から翌年3月31日までの年1期とする。
(利益配当)
第16条　社員に対する利益配当は，毎営業年度末日現在の社員に対し，その出資の口数に応じてなすものとする。

第6章　附　則

(有限会社法及びその他の法令の適用)
第17条　この定款に規定がない事項は，すべて有限会社法その他の法令によるものとする。

(議事録)
第12条　株主総会における議事の経過の要領及びその結果については，これを議事録に記載又は記録し，議長及び出席した取締役がこれに記名押印又は電子署名する。

第4章　役　員

(員数及び選任の方法)
第13条　当会社には，取締役1名以上5名以内を置き，株主総会において選任する。
2　取締役を複数名置くときは，内1名を代表取締役とし，株主総会において選任するものとする。
3　【現行どおり】

4　取締役の選任決議においては累積投票によらないものとする。
(報酬及び退職慰労金)
第14条　取締役の報酬及び退職慰労金は，株主総会の決議をもって定める。

第5章　計　算

(事業年度)
第15条　当会社の事業年度は，毎年4月1日から翌年3月31日までの年1期とする。
(剰余金の配当)
第16条　株主に対する剰余金の配当は，毎年3月31日の最終の株主名簿に記載又は記録された株主又は登録株式質権者に支払う。

第6章　附　則

(会社法及びその他の法令の適用)
第17条　この定款に規定がない事項は，すべて会社法及び会社法の施行に伴う関係法律の整備等に関する法律その他の法令によるものとする。

2　特例有限会社

Ⅲ　特例有限会社の登記事項証明書

　下記の「登記事項証明書」は，現在の「特例有限会社」のものです。会社法の施行に伴い職権で登記が行われたので，「平成17年法律第87号第136条の規定により平成18年5月8日登記」との記載が，随所に見られます。

第2章 商業登記の読み方（基礎編）

履歴事項全部証明書

東京都港区○○一丁目2番3号
有限会社○○○○
会社番号　0104-02-○○○○○○

商　　号	有限会社○○○○	
本　　店	東京都港区○○	
公告をする方法	官報に掲載してする	平成17年法律第87号第136条の規定により平成18年5月8日登記 ◁職権
会社成立の年月日	平成17年11月1日	
目　　的	1. 家庭電器用品の製造及び販売 2. 前号に附帯関連する一切の事業	
出資1口の金額	金5万円 ◁職権	
発行可能株式総数	60株	平成17年法律第87号第136条の規定により平成18年5月8日登記 ◁職権
発行済株式の総数並びに種類及び数	発行済株式の総数60株	平成17年法律第87号第136条の規定により平成18年5月8日登記 ◁職権
資本金の額	金300万円 ◁職権	
株式の譲渡制限に関する規定	当会社の株式を譲渡により取得することについて当会社の承認を要する。当会社の株主が当会社の株式を譲渡により取得する場合においては当会社が承認したものとみなす。	平成17年法律第87号第136条の規定により平成18年5月8日登記 ◁職権
役員に関する事項	東京都港区●●●● 取締役　○○○○	
	埼玉県さいたま市浦和区●●●● 取締役　××××	
	代表取締役　○○○○	
登記記録に関する事項	設立　　　　　　　　　　　　　　　平成17年11月1日登記	

　これは登記簿に記録されている閉鎖されていない事項の全部であることを証明した書面である。

　　　　　　　　　　　　　　平成21年5月○日
　　　　　　　　　　　　　　東京法務局港出張所

　　　　　　　　　　　　　　　　登記官　　山田　太郎　　[印]

4　合名会社

I　合名会社とは

　「直接無限責任」を負う社員のみで構成される会社を「合名会社」といいます。「直接無限責任」とは，会社が銀行からお金を借りていたが，会社の財産では返せなくなってしまった場合，社員が，自らの資産ですべて返済しなければならない責任です。株式会社の社員である株主が，出資の払い込み義務のみを負うのとは大きく異なります。

　このように合名会社の社員は，重い責任を負担するので，社員にとって会社の経営は死活問題です。したがって，合名会社の社員は，原則として「業務執行社員」であり，かつ「代表社員」です。株式会社でいえば，取締役会を設置しない会社の取締役に似ていますが，取締役は社員たる株主とはかぎりません。もっとも，定款で，社員の中から特に「業務執行社員」を定めることができ，さらに「業務執行社員」の中から「代表社員」を定めることもできます。

　そのため，株式会社・特例有限会社における「役員に関する事項」が，合名会社では「社員に関する事項」になっています。また，社員は1人でもかまいませんし，法人も社員になれます。ただし，その場合には現実に職務を執行する人を選ぶ必要があります（この人を「職務執行者」といいます。）。

　また，「合名会社」では社員が重い責任を負担する分，会社にどれくらいの財産があるかはさほど重要ではありません。そのため，「資本金の額」の記載はありません。

第2章 商業登記の読み方（基礎編）

Ⅱ　合名会社の定款

定　　　　款

（商　号）

第1条　当会社は，合名会社〇〇〇〇と称する。

（目　的）

第2条　当会社は，次の事業を営むことを目的とする。

1．鑑賞用植物，植木，園芸用樹木，草木類の栽培，販売，賃貸
2．前号に付帯する一切の業務

（本店の所在地）

第3条　当会社は，本店を東京都港区に置く。

（公告の方法）

第4条　当会社の公告は，官報に掲載してする。

（社員の氏名，住所及び出資並びに社員の全員を無限責任社員とする旨）

第5条　当会社の，社員の氏名及び住所，出資の目的及びその価格又は評価の標準は次の通りであり，社員全員を無限責任社員とする。

1．金〇〇万円
　　（住所）東京都港区●●●●
　　（氏名）〇〇〇〇
2．東京都世田谷区●●●●　宅地100㎡　この評価額金〇千万円
　　（住所）東京都世田谷区●●●●
　　（氏名）△△△△
3．金〇〇万円
　　（住所）千葉県千葉市中央区●●●●
　　（氏名）××××株式会社

（業務執行社員）

第6条　社員〇〇〇〇，△△△△及び××××株式会社は，業務執行社員とし，当会社の業務を執行するものとする。

（代表社員）

第7条　代表社員は業務執行社員の互選をもって，これを定める。

（決算期）

第8条　当会社の事業年度は毎年●●月●●日から翌年●●月●●日までとする。

（準拠法）

第9条　当定款に規定のない事項については，会社法その他関連法令によるものとする。

　以上，合名会社〇〇〇〇を設立するため，ここに定款を作成し，各社員，次に記名押印する。

　　　平成●●年●●月●●日

　　　　　　　無限責任社員　　　　　　　　　　　　　　　　　㊞
　　　　　　　無限責任社員　　　　　　　　　　　　　　　　　㊞
　　　　　　　無限責任社員　　　　　　　　　　　　　　　　　㊞

第2章 商業登記の読み方（基礎編）

Ⅲ 合名会社の登記事項証明書

「合名会社」の「登記事項証明書」は下記のとおり，シンプルです。

履歴事項全部証明書

本店
商号
会社法人等番号　●●●-●●-●●●●●●

商　　号	合名会社○○○○
本　　店	東京都港区●●
公告をする方法	官報に掲載してする
会社成立の年月日	平成●●年●●月●●日
目　　的	1．鑑賞用植物，植木，園芸用樹木，草木類の栽培，販売，賃貸 2．前号に付帯する一切の業務
社員に関する事項	東京都港区●●●● 社員　　○○○○
	東京都世田谷区●●●● 社員　　△△△△
	千葉県千葉市中央区●●●● 社員　　××××株式会社
	代表社員　　○○○○
登記記録に関する事項	設立 　　　　　　　　　　平成　年　月　日登記

5 合資会社

I 合資会社とは

「合資会社」とは,「株式会社」と「合名会社」の中間に位置する会社で,有限責任しか負わない社員(「有限責任社員」)と,合名会社の社員のように直接無限責任を負う社員(「無限責任社員」),それぞれ1名以上によって構成される会社をいいます。つまり合資会社では,社員は合計2名以上いなければなりませんが,法人であっても社員になることができます。

合資会社では,「無限責任社員」のみならず,「有限責任社員」も,原則として,「業務執行社員」であり,「代表社員」です。また,定款で,社員の中から特に「業務執行社員」を定めることができ,さらに「業務執行社員」の中から「代表社員」を定めることできるのは,合名会社と同様です。

ちなみに,「有限責任社員」については「社員に関するその他の事項」として「金○○円全部履行」等と記載されています。これは「有限責任社員」が自分の義務をどれくらい果たしているかを示すものであり,この記載であれば会社債権者に対して責任を負うことはありません。これに対して,「金○○円内○○円履行」とある場合には,その残額については会社債権者に対して直接責任を負う余地があります(この意味で上記の「有限責任」は「直接有限責任」といわれ,株主の責任(間接有限責任)とは異なっています。)。

Ⅱ　合資会社の定款

定　　　　款

（商　号）

第1条　当会社は，合資会社〇〇〇〇と称する。

（目　的）

第2条　当会社は，次の事業を営むことを目的とする。

　　1．建築，土木工事の設計，施工及び監理

　　2．内装仕上工事

　　3．前各号に付帯する一切の業務

（本店の所在地）

第3条　当会社は，本店を東京都港区に置く。

（公告の方法）

第4条　当会社の公告は，官報に掲載してする。

（社員の氏名，住所，出資及び責任）

第5条　当会社の，社員の氏名及び住所，出資の目的及びその価格は次の通りとする。

　　1．無限責任社員　（住所）東京都港区●●●●

　　　　　　　　　　　（氏名）〇〇〇〇

　　　　　　　　　　　（出資の目的）金銭

　　　　　　　　　　　（価格）金100万円也

　　1．有限責任社員　（住所）東京都世田谷区●●●●

　　　　　　　　　　　（氏名）△△△△

　　　　　　　　　　　（出資の目的）金銭

　　　　　　　　　　　（価格）金10万円也

（業務執行社員）
第6条　社員〇〇〇〇及び△△△△は，業務執行社員とし，当会社の業務を執行するものとする。

（代表社員）
第7条　代表社員は業務執行社員の互選をもって，これを定める。

（事業年度）
第8条　当会社の事業年度は毎年●●月●●日から翌年●●月●●日までとする。

（準拠法）
第9条　当定款に規定のない事項については，会社法その他関連法令によるものとする。

　以上，合資会社〇〇〇〇を設立するため，ここに定款を作成し，各社員，次に記名押印する。

　　平成●●年●●月●●日

　　　　　　　　　　無限責任社員　　　　　　　　　　㊞
　　　　　　　　　　有限責任社員　　　　　　　　　　㊞

第2章　商業登記の読み方（基礎編）

Ⅲ　合資会社の登記事項証明書

履歴事項全部証明書

本店
商号
会社法人等番号　●●●－●●－●●●●●●

商　　号	合資会社〇〇〇〇	
本　　店	東京都港区赤坂●●	
公告をする方法	官報に掲載してする。	
会社成立の年月日	平成19年3月3日	
目　　的	1．建築，土木工事の設計，施工及び監理 2．内装仕上工事 3．前各号に付帯する一切の業務	
社員に関する事項	東京都港区芝大門●●●● 無限責任社員　〇〇〇〇	
	東京都世田谷区用賀●●●● 有限責任社員　△△△△ 金10万円　内金5万円履行	
	千葉県千葉市中央区●●●● 有限責任社員　××株式会社 金500万円　全部履行	平成20年12月25日加入
登記記録に関する事項	設立	平成19年3月3日登記

　この登記事項証明書で注目してほしいのは，「社員に関する事項」の「有限責任社員　千葉県千葉市中央区●●●●　××株式会社　金500万円　全部履行」です。これはその右側を見ていただければお分かりのように，設立後に有限責任社員になり（現在では「入社」ではなく「加入」です），出資義務はすべて履行しています。もしかすると，この会社で何か素晴らしい技術が開発され，これに目をつけた××株式会社が資金援助をしたのかもしれません。

6　合同会社

I　合同会社とは

　「合同会社」とは，有限責任社員のみ1名以上で構成される会社をいいます。ここでいう有限責任社員は，基本的には合資会社の有限責任社員と同様ですが（「直接有限責任」），出資の履行の全てが先に強制されるため，実質的には株式会社の社員である株主に近いものになっています（「間接有限責任」）。ただし，「定款」により，内部関係すなわち出資者間で組織や利益分配をより自由に創設できるようにされており，この点で株式会社とは異なります。

　合同会社はアメリカ合衆国の州法で認められる「ＬＬＣ (Limited Liability Company)」をモデルとして導入されたため，日本版「ＬＬＣ」とも呼ばれて活用が期待されていました。しかし，アメリカで「ＬＬＣ」が数多く設立された大きな理由の1つである「パス・スルー課税」が，日本の「合同会社」では，現在のところ認められていません。そのため，合同会社の設立は思ったほどは伸びていないのが現状です。

　ここに「パス・スルー課税」とは，法人形式を採用する場合，法人所得への課税（法人税）と出資者の配当への課税（所得税）の2段階の課税が行われるところ，出資者への課税（所得税）のみをする制度をいいます。逆に，損失が出た場合には，出資者の他の個人所得と通算することができるので，この点でも税制上のメリットがあります。なお，類似の制度で，日本でも「パス・スルー課税」が適用されるものとしては「有限責任事業組合」（日本版ＬＬＰ〈Limited Liability Partnership〉）がありますが，こちらは「組合」であり団体として人格を有する「法人」ではないので，ある意味当然です。

　なお，合同会社の社員も法人でも構いませんし，合名・合資と同様，原則と

第2章　商業登記の読み方（基礎編）

して，社員は「業務執行社員」であり，「代表社員」となります。また，定款で，社員の中から特に「業務執行社員」を定めることができ，さらに「業務執行社員」の中から「代表社員」を定めることも可能です。

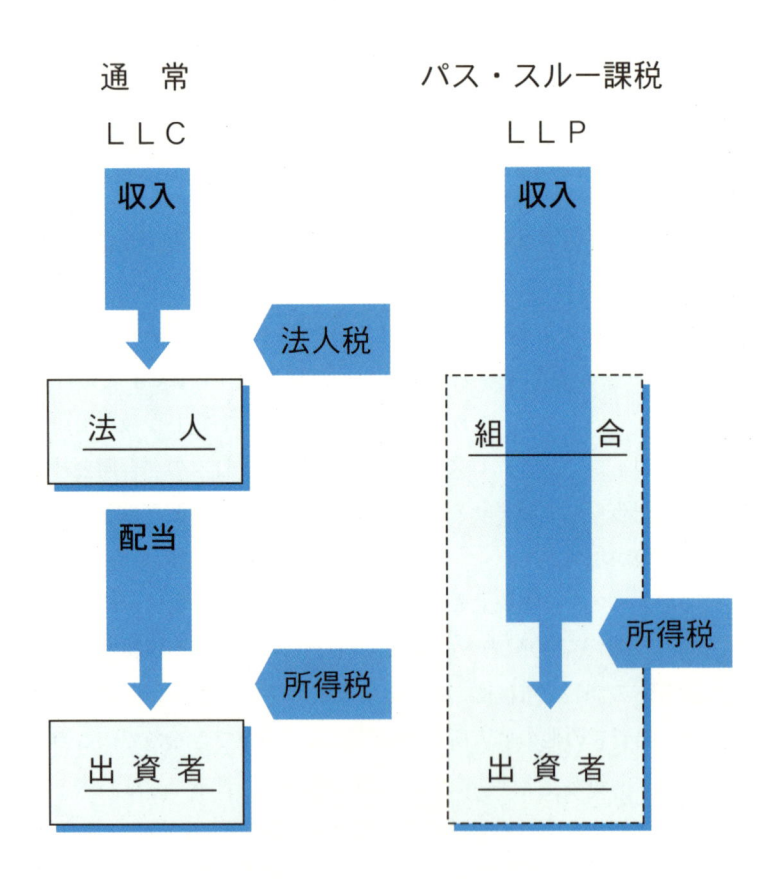

```
       通　常              パス・スルー課税
       ＬＬＣ                  ＬＬＰ
        収入                    収入
         │                      │
         ▼     法人税            │
       ┌─────┐                ┌─────────┐
       │法 人│                │ 組   合 │
       └─────┘                │         │
         │                    │         │
        配当                   │         │
         │     所得税           │    所得税│
         ▼                    ▼         │
       ┌─────┐                ┌─────────┐
       │出資者│                │ 出 資 者│
       └─────┘                └─────────┘
```

Ⅱ 合同会社の定款

定　　　　款

（商　号）
第1条　当会社は，合同会社●●●●と称する。

（目　的）
第2条　当会社は，次の事業を営むことを目的とする。
　1．株式，債券への投資に関する調査，企画並びに市場調査
　2．株式上場に関わる指導，計画，立案並びに請負
　3．前各号に付帯関連する一切の事業

（本店の所在地）
第3条　当会社は，本店を東京都港区●●に置く。

（公告方法）
第4条　当会社の公告は，官報に掲載してする。

（資本金の額）
第5条　当会社の資本金の額は，金500万円とする。

（社員の氏名，住所，出資及び責任）
第6条　社員の氏名及び住所，出資の価額並びに責任は次のとおりである。
　1．出資の価額　金300万円
　　　　有限社員（住所）千葉県柏市●●●●
　　　　　　　　（氏名）●●株式会社
　2．出資の価額　金100万円
　　　　有限社員（住所）
　　　　　　　　（氏名）△△△△
　3．出資の価額　金100万円
　　　　有限社員（住所）

第2章 商業登記の読み方（基礎編）

　　　　　　　　　　（氏名）××××
（業務執行社員）
第7条　●●株式会社，△△△△及び××××は，業務執行社員とし，当会社の業務を執行するものとする。
（代表社員）
第8条　代表社員は業務執行社員の互選をもって，これを定める。
（事業年度）
第9条　当会社の事業年度は，毎年　月　日から翌年　月　日までとする。
（準拠法）
第10条　この定款に規定のない事項は，すべて会社法その他の法令に従う。

　以上，合同会社●●●●の設立のため，この定款を作成し，社員全員が次に記名押印する。

　平成●●年●●月●●日

　　　　　　　　　有限責任社員　　　　　　　　㊞
　　　　　　　　　有限責任社員　　　　　　　　㊞
　　　　　　　　　有限責任社員　　　　　　　　㊞

6　合同会社

Ⅲ　合同会社の登記事項証明書

履歴事項全部証明書

本店
商号
会社法人等番号　●●●-●●-●●●●●●

商　　号	合同会社●●●●
本　　店	東京都港区●●
公告をする方法	官報に掲載してする
会社成立の年月日	平成●●年●●月●●日
目　　的	1．株式，債券への投資に関する調査，企画並びに市場調査 2．株式上場に関わる指導，計画，立案並びに請負 3．前各号に付帯関連する一切の事業
資　本　金	金500万円
社員に関する事項	業務執行社員　●●株式会社
	業務執行社員　△△△△
	業務執行社員　××××
	千葉県柏市●●●● 代表社員　●●株式会社 　（住所） 職務執行者　〇〇〇〇
登記記録に関する事項	設立 平成●●年●●月●●日登記

　「合同会社」は有限責任のみで構成されますから，他の持分会社とは異なり株式会社と同じ「資本金」が記載されます。ただし，株式会社のように，「払込金の最低1/2は資本として計上しなさい」というような制限はありません。
　また，この会社では，「代表社員」が「●●株式会社」という「法人」であるため，実際に会社の職務を執行する「職務執行者」が記載されています。

第3章
商業登記の読み方（応用編）

1 商号続用の責任限定
2 電子公告・貸借対照表に係る情報
　…公告方法（URL）との関係
3 種類株と新株予約権
4 単元株式
5 社外役員の表示
6 定款による責任免除・責任限定契約
7 会計監査人・会計参与
8 合併・分割
9 支店・支配人
10 解散・清算，清算結了と継続
11 民事再生・破産・会社更生
12 有限会社からの移行
13 外国会社

第2章では，一般的な株式会社を念頭に，基本的な登記簿謄本の読み方を勉強してきました。しかし，「登記事項証明書」に記載される事項は，他にもたくさんあります。

　本章で説明する事項は，あまり一般的なものではありませんが，その分，このような記載を見つけたら注意が必要です。

　なお，これ以後は，「登記事項証明書」の記載事項につき，原則として該当欄及び関連する事項欄のみを表示します。もちろん，それらの記載は，登記事項証明書の中にあり，証明書の種類に応じて，前に説明した完結した形式で発行されます。「登記事項証明書」であれば，登記官の認証文と印も押印されますので，この点を誤解なさらないようにお願いします。

第3章　商業登記の読み方（応用編）

1　商号続用の責任限定

　ある会社（譲受会社＝「B社」とします。）が他の会社（譲渡会社＝「A社」とします。）の事業（お仕事）を譲り受けることがあります。これを「事業譲渡」といいます。

　しかし，そのままの商号（「B社」）で譲り受けた仕事をしてもうまくいかないことが考えられます。商品や仕事に対する信用は，通常，商号（ここでは「A社」）に対する信頼をも包含しているからです。そこで，このような場合，商号への信用をも引き継ぐために，譲受会社である「B社」が「A社」に商号を変更するということが行われます。

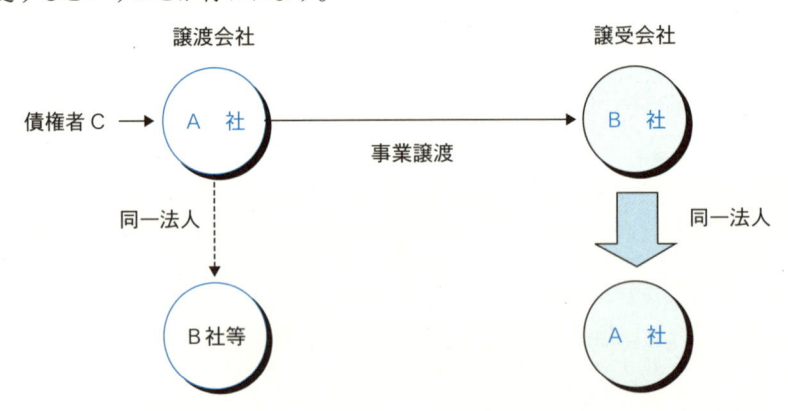

```
         譲渡会社                      譲受会社
債権者C → （ A 社 ）── 事業譲渡 ──→ （ B 社 ）
             │                            ↓
           同一法人                      同一法人
             ↓                            ↓
         （B社等）                    （ A 社 ）
```

　もちろん両社は別の法人（格）ですから，たとえば，元のA社にお金を貸していた人（「C」とします。）が，現在の「A社」（元は「B社」）に返してくれとはいえないはずです。しかし，その「債権」が譲り受けた事業によって生じたものであるときは，その事業を継続し，かつ商号をも使用しつづける者が，その責任も負担するのが妥当です。そこで，このような場合には，現在のA社はCさんの請求に応じなければならないとされています。

1　商号続用の責任規定

　ただし，例外的に，このような負担を負わないこともできます。ただし，そのためには，その旨を遅滞なく登記し，社会一般に公示しなければなりません。「登記事項証明書」に下記のような記載がされていたら，みかけは同じでもあなたが思っている会社とは，別の会社です。また，譲渡された事業によって生じた債権を持っていても，この会社には請求できませんので，ご注意ください。

| 商号譲渡人の債務に関する免責の記載がある会社は，譲渡前後では別会社となるので，債権管理には要注意！ | 当会社は，平成21年　　月　　日商号の譲渡を受けたが，譲渡人である株式会社●●●●の債務については責に任じない。 | 平成21年〇月〇日登記 |

　ちなみに，この記載は登記事項証明書の1頁目，「商号」と「本店」の間に入ります。また，この会社の商号は上の記載にある「株式会社●●●●」と同じであることが特徴です。

第3章　商業登記の読み方（応用編）

2　電子公告・貸借対照表に係る情報…公告方法（URL）との関係

I　電子公告

　株式会社の動静は多くの人々の利害に影響を及ぼします。そのため，経営状況，減資や合併の予定等を広く世間の人たちにお知らせ（つまり「公告」）する必要があることは，前述のとおりです。

　そして，繰り返しになりますが，そのための方法としては次の3つが認められており，いずれかが採用され登記事項証明書にも記載されます。

> 1．官報に掲載する方法
> 2．時事に関する事項を掲載する日刊新聞紙に掲載する方法
> 3．電子公告（インターネット公告）

　ご存知のこととは思いますが，1は国の機関紙である「官報」に掲載する方法，2は日本経済新聞や朝日新聞などに掲載する方法です。もちろん，タダでは掲載させてくれません。どちらもお金がかかります。ただ，どちらがお得かと聞かれれば，1と答えざるをえません。

　ところで，インターネットが高度に普及した現代社会においては，誰でもインターネットを利用して，会社のホームページを閲覧することができます。このような現状からすれば，1や2のような「紙」に単発で掲載するよりも，ネット上で情報を公開するほうが，「広く世間にお知らせする」という，公告の目的をより良く実現できるかもしれません。また，ホームページさえ持っていれば費用や手間も少なく済むのも事実です。

　そこで，平成16年の旧商法改正の際に，1・2に加え，3の「電子公告」による方法が追加され，平成17年2月1日から採用できるようになっています。

2　電子公告・貸借対照表に係る情報公告方法（URL）との関係

　ただし，事故等により「電子公告」が閲覧できなくなる事態に備えて，その際の代わりの手段も登記されます。

　この会社は，以前は２の日本経済新聞を採用していましたが，平成20年６月１日に３の「電子公告」に変更しています。

公告をする方法	東京都に於いて発行する日本経済新聞に掲載する	
	電子公告の方法により行う。 http://www.××××.co.jp ただし，事故その他やむを得ない事由によって電子公告による公告をすることができない場合は，日本経済新聞に掲載して行う。	平成20年６月１日変更
		平成20年６月７日登記

　したがって，この会社ではインターネットで上記のＵＲＬ「http://www.××××.co.jp」に接続すれば，決算書等の情報を取得することができます。

コラム

【電子公告・貸借対照表】

　電子公告は便利である半面，実際に継続的に行われていたのか，あるいは，改ざん等がなかったかなど，紙媒体である官報などに比べると，不確かな部分があることは否めません。そこで，電子公告においては，適法に行われたかどうかについて，第三者である電子公告調査機関の調査を受けなければならないこととされています。

　会社から調査を委託された電子公告調査機関は，公告期間中，定期的にホームページを調査して正常に掲載されていたかや，改ざんがされていないか等を判定して，その結果を記録した調査報告書を会社に提出します。場合にもよりますが，結構なボリュームになります。そして，公告が必要な合併等の登記申請では，この調査報告書が，「公告をしたことを証する書面」として添付され，管轄法務局に提出されます。

　なお，電子公告調査機関と認められるためには，法務大臣の登録を受けなければなりませんが，現在のところ，６社ほどが登録されています。費用は自由競争の甲斐あって比較的リーズナブルです。

第3章 商業登記の読み方（応用編）

Ⅱ 決算公告

ところで，一定期間内のお金の出入りを記した「決算書（＝財務諸表）」を公告することは株式会社の義務です。ただ，どの程度，開示すればよいかは，公告方法によって異なり，さらにその会社が大会社か否か，また公開会社か非公開会社かによっても異なります。

資　本　金	譲渡制限の 有　　　無	決算公告記載内容	
		「官報」「日刊」…要旨で足りる	電子広告
中小会社 ＝5億円未満かつ負債 総額200億円未満	公　開　会　社	貸借対照表（固定資産細分）	貸借対照表の 全文掲載
	非公開会社	貸借対照表	
大会社 ＝5億円以上又は負債 総額200億円以上	公　開　大　会　社	貸借対照表＋損益計算書 （固定資産細分）	
	非公開大会社	貸借対照表＋損益計算書	

ちなみに決算書は，貸借対照表（B／S）・損益計算書（P／L）・株主資本等変動計算書（S／S）などにより構成されます。このうち，すべての株式会社で公告が要求される「貸借対照表」は，下記のように左側と右側の数字の合計が同じになることから，バランスシート（つまり，B／S）とも呼ばれます。

下記は，資本金5億円未満の中小非公開会社の「官報」による決算公告です。

2　電子公告・貸借対照表に係る情報公告方法（URL）との関係

第30期決算公告

平成21年6月30日　　　　　　　　　　　　　　　　東京都港区●●●●
　　　　　　　　　　　　　　　　　　　　　　　　株式会社　〇〇〇〇
　　　　　　　　　　　　　　　　　　　　　　　　代表取締役〇〇〇〇
　　　　貸借対照表の要旨（平成21年3月31日現在）　　　（単位百万円）

資　産　の　部		負債および純資産の部	
流 動 資 産	5,120	流 動 負 債	4,000
固 定 資 産	4,800	固 定 負 債	3,710
繰 延 資 産	100	負 債 合 計	7,710
		株 主 資 本	2,490
		資 本 金	390
		資 本 剰 余 金	100
		資 本 準 備 金	100
		利 益 剰 余 金	2,000
		利 益 準 備 金	1,000
		その他利益準備金	1,000
		（うち当期純利益）	(80)
		純 資 産 合 計	2,490
資 産 合 計	10,200	負債・純資産合計	10,200

　このような「決算公告」については，いち早く平成13年の商法改正により，自社のＷＥＢサイトに貸借対照表及び損益計算書（表にあるとおり，こちらは「要旨」では足りず，「全文」の掲載が必要です。）を5年間継続して掲載することにより，「決算公告」に代えることができる「電磁的方法による決算公示」が認められました。つまり，平成17年に「電子公告」が第3の公告方法と認められる前に，「決算公告」だけは電子公告をすることが認められたため，いち早く採用した会社では，下記のような記載が登記事項証明書に載っています。この会社では，一般的な公告方法としては「日本経済新聞」で，「貸借対照表に係る情報の提供を受けるために必要な事項」については「電子公告」によることになります。

第3章　商業登記の読み方（応用編）

公告をする方法	東京都に於いて発行する日本経済新聞に掲載する		
貸借対照表に係る情報の提供を受けるために必要な事項	http://www.xxxx.co.jp	平成　年　月　日設定	
		平成　年　月　日登記	

　その後，一般的な公告方法として「電子公告」が認められたことに伴い，公告する方法として電子公告を採用した場合には，決算公告も，当然に電子公告に含まれることになります。そのため，「公告する方法」を「電子公告の方法により行う。」としたときは，「貸借対照表に係る情報の提供を受けるために必要な事項」は抹消され，下記のような記載になります。

公告をする方法	東京都に於いて発行する日本経済新聞に掲載する	
	電子公告の方法により行う。http://www.xxxx.co.jp ただし，事故その他やむを得ない事由によって電子公告による公告をすることができない場合は，日本経済新聞に掲載して行う。	平成　年　月　日変更
		平成　年　月　日登記
貸借対照表に係る情報の提供を受けるために必要な事項	http://www.xxxx.co.jp	平成　年　月　日設定
		平成　年　月　日登記

　以上は，「決算書」の公告方法の話であり，株式会社はそれとは別に「決算書」を含む「計算書類」を本店や支店に備え置き，株主及び債権者による閲覧や謄写等の請求に応じなければなりません。こちらは「電子公告」と同様に全文の開示が必要です。

　なお，会計参与も「計算書類等」を5年間，自ら定めた場所に備え置かなければならず，この場所も登記事項証明書の「役員に関する事項」，会計参与の名前の下に記載されています（第3章 7 ）。

2　電子公告・貸借対照表に係る情報公告方法（URL）との関係

第●期決算公告

有限会社　東京●●●

貸借対照表
（平成15年9月30日）

（単位：円）

勘定科目	金額	勘定科目	金額
［資　産］		［負　債］	
現金及び預金	3,785,192	未払費用	5,686,811
売掛金	3,551,008	未払法人税等	234,600
仮払金	85,600	預り金	50,530
車両運搬具	483,047	負債合計	5,971,941
工具器具備品	164,010	［資　本］	
ソフトウェア	784,000	資本金	3,000,000
創立費	100,000	当期未処分利益	1,706
	20,790	資本合計	3,001,706
資産合計	8,973,647	負債・資本合計	8,973,647

損益計算書
（平成14年11月11日から平成15年9月30日まで）

（単位：円）

勘定科目	金額
売上高	11,515,004
販売費及び一般管理費	11,278,710
営業利益	236,294
受取利息	12
経常利益	236,306
法人税等	234,600
当期純利益	1,706
当期未処分利益	1,706

第3章　商業登記の読み方（応用編）

3　種類株と新株予約権

I　種類株

　株式会社は，株式を発行する会社であり，株式の内容は同じだといいました。しかし，実は，内容が異なる株式を発行することも可能です。

　これを「種類株」といい，たとえば，利益配当で普通株より1株100円余分に配当される株式，あるいは株主総会で議決権を行使できない株式，一定の時期に会社が強制的に株主から買い取れる株式，逆に株主が会社に買い取ってくれと請求できる株式などがあります。これらの内容は組み合わせ自由で，次頁表の9つを必要に応じて組み合せることにより，いろいろな種類株を作ることができます。

3 種類株と新株予約権

対象となる権利	その内容
① 剰余金の配当	配当優先株, 配当普通株, 配当劣後株などといい, 剰余金の配当につき, 優先権付かどうかの株式の種類。
② 残余財産の分配	残余財産の分配につき, 優先権付かどうかの株式の種類。
③ 株主総会の議決権	議決権制限株式などということもあり, 株主総会の議題につき, 議決権を行使できるかどうかによる株式の種類。
④ 株式譲渡	譲渡制限株式といい, 譲渡による株式の取得につき, 会社の承認を要する株式。
⑤ 会社に取得請求	取得請求権付株式といい, 株主から会社に取得せよという権利（請求権）が付いた株式。
⑥ 会社が強制取得	取得条項付株式といい, 一定の事由が発生した場合, 会社が強制的に取得できる株式。
⑦ 会社が全部取得	全部取得条項付種類株式といい, 株主総会決議で会社が全部を取得できる種類株式。
⑧ 決議に拒否権	黄金株ともいい, 株主総会決議等にノーといえる権利をもった種類株式。
⑨ 役員選任権	種類株主総会で役員を選任できる種類株式。

そのため, 発行されている種類株が, どのような内容であるかは非常に重要で, その内容が公表されないと, 思いがけない損害を被る人たちが出てくる恐れがあります。そこで, 「種類株」の数と内容は「定款」に定め, 登記をしなければならない事項（「相対的記載事項」）とされています。ただ, 種類株はさまざまで, 2～3行で終わるものから, 数ページに渡るような力作もあり, これくらいになるとかなり難解です。

下記は, 利益配当では優先しますが, 議決権を持たないので, いわゆる「配当優先無議決権株式」と呼ばれます。

第3章　商業登記の読み方（応用編）

発行可能株式総数	12万株
発行済株式の総数並びに種類及び数	発行済株式の総数 　10万株 　　各種の株式の数 　　　普通株式　　　　8万株 　　　A種優先株式　　2万株
株券を発行する旨の定め	当会社の株式については株券を発行する
資本金の額	金1,000万円 金1億円
発行可能種類株式総数及び発行する各種類の株式の内容	普通株式　　10万株 A種株式　　　2万株 　A種株式 1．剰余金の配当にあたっては，A種株式を有する株主に対しては，普通株式を有する株主に先立ち，1株につき100円を支払う。 2．A種株式を有する株主は，株主総会において議決権を有しない。
株式の譲渡制限に関する事項	当会社の株式を譲渡により取得するには取締役会の承認を要する。

Ⅱ　新株予約権

「新株予約権」とは，あらかじめ定められた期間内に，定められた金額を会社に払い込めば，一定数の株式を取得できる権利をいいます。たとえ1株の時価が10,000円の株式でも，定められた金額が1株1,000円だとすると，その時点では1,000円で取得できるのです。

そのため，「新株予約権」は，取締役や従業員に対して発行され，仕事に対するやる気を出させるストック・オプションとして利用されています。その他，会社の債務である「社債」との組み合わせで利用されたり，近時は，敵対的買収の防衛策としても利用されます。

このように「新株予約権」は，実際の株価よりも安く株式が発行される可能性があるうえ，発行済の株式数が増えることにより，既に存在する株主の持株比率が低下し，会社に対する影響力が低下することになります。

そこで，ⅰ「新株予約権」の名称，ⅱ「新株予約権」の数，ⅲ「新株予約権」の目的たる株式の種類及び数又は算定方法，ⅳ「募集新株予約権」の払込金額若しくは払い込みを要しないとする旨，ⅴ「新株予約権」の行使に際して出資される財産の価格又はその算定方法，ⅵ「新株予約権」の行使条件等，が登記しなければならない事項とされています。すなわち，これらの情報は登記事項証明書から読み取れることになります。

なお，ⅳは「募集新株予約権」自体の金額であり，行使して株式を取得する場合の価格であるⅴとは異なります。ストック・オプションとして利用される場合には，ⅳは無償，ⅴは低額に抑えられるのが通常です。

第3章　商業登記の読み方（応用編）

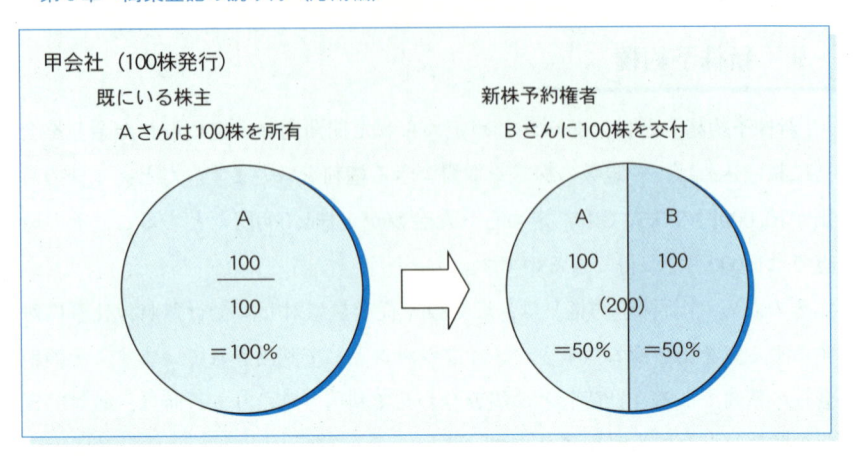

甲会社（100株発行）

既にいる株主
Aさんは100株を所有

A
100 / 100
＝100％

新株予約権者
Bさんに100株を交付

A　　　B
100　　100
（200）
＝50％　＝50％

発行可能株式総数	12万株
発行済株式の総数並びに種類及び数	発行済株式の総数　　10万株
株券を発行する旨の定め	当会社の株式については，株券を発行する 　　　　　　平成17年法律第87号第136条の規定により平成18年5月1日登記
資本金の額	金1,000万円
新株予約権	第1回新株予約権 1．新株予約権の数　5個 2．新株予約権の目的たる株式の種類及び数又はその算定方法　普通株式50株 3．募集新株予約権の払込金額もしくはその算定方法又は払い込みを要しないとする旨　無償 4．新株予約権の行使に際して出資される財産の価額又はその算定方法　50万円 5．新株予約権を行使することができる期間　平成25年3月31日まで 6．新株予約権の行使の条件　この新株予約権は，行使の日の属する事業年度の直前の事業年度における当社の税引後の利益金が3,000万円以上となった場合に行使することができる。 　　　　　　平成21年9月1日発行 　　　　　　平成21年9月8日登記

Ⅲ 属人的株式

なお,「非公開会社(すべての株式に譲渡制限が定められている会社)」では,その小規模性・閉鎖性から,株主の人的属性に基づく異なる株式の内容を定めることができます(「属人的株式」と呼ばれます。)。

こちらはⅠの「種類株」とは異なり,株式の内容ではなく,当該株主その人に着目した,いわば個人的なものなので,その内容は「定款」に記載しなければなりませんが,登記事項とされていません。ただし,その内容は強烈で,1株で会社のすべてを把握できるようなものさえあります。

下記は,いわゆる「ヒーロー株」の「定款」記載例であり,「属人的株式」の有効的な使用方法の1つとされています。

これで,オーナー社長Aさんの身に不測の事態が起こっても,ヒーローのBさんが会社を救ってくれるはずです。

(株主総会の議決権に関する株主ごとに異なる取扱)
第〇条　株主Bは,株主Aに下記事由が生じている間に限り,その有する株式1株につき1,000個の議決権を有する。
　　　1.　認知症,病気,事故,精神上の障害などによる判断能力の喪失
　　　2.　行方不明
　　　3.　その他,株主総会に出席して議決権を行使できない事由
　二　前項の株主Aについて,当会社の株主総会において議決権を行使する権限を有する補助人,保佐人,成年後見人が選任された場合又は任意後見人との間の任意後見契約の効力が発生した場合は,その効力を失う。

第3章　商業登記の読み方（応用編）

4　単元株式

　一定数の株式を「一単元」と定款に定めることによって，一単元の株式につき1個の議決権を認め，一単元未満の株式には議決権を認めないとする制度を「単元株制度」といいます。
　「一株一議決権の原則」の例外であり，株主を管理するためのコストを削減するための制度です。

単元株式数	1,000株	平成20年10月1日設定
		平成20年10月5日登記

　上記は，普通株式1種類のみを発行している株式会社で，「単元株式」を採用した場合です。
　では，1,000株未満の株式はどうなってしまうのでしょうか？
　上述のように，単元未満株主は株主総会で議決権を行使することができません。また，その他の株主権も原則として定款で制限できますが，「単元未満株主」の利益も尊重しなければなりません。そのため，剰余金の配当，残余財産の分配等の自益権（会社から経済的利益を受ける権利）を中心として，一定の権利については制限できないとされています。
　「単元未満株式」には，このような制限がありますので，もう手放したいという人が出てくることが予想されます。そこで，株券が発行されているか否かに関わらず，「単元未満株主」は会社に対し買い取りを請求することができます（株券が発行されていれば，会社以外の第三者に譲渡することもできます。）。この「買取請求権」は会社の義務なので，余裕がなくても会社は買い取らなければなりません。逆に，「定款」で，「単元未満株主」がその有する株式の数と併せて，「1単元」となる数の株式を売り渡すよう，会社に対して請求できる旨を

4 単元株式

定めることができます（「売渡請求権」）。これにより「単元未満株主」も、「単元株主」すなわち普通の株主になることが可能です。

単元株式数1,000株の場合

	持株数	種別	議決権
Aさん	100株	単元未満株主	なし
Bさん	800株	単元未満株主	なし
Cさん	1,000株	通常株主	1個
Dさん	5,000株	通常株主	5個
Eさん	10,000株	通常株主	10個

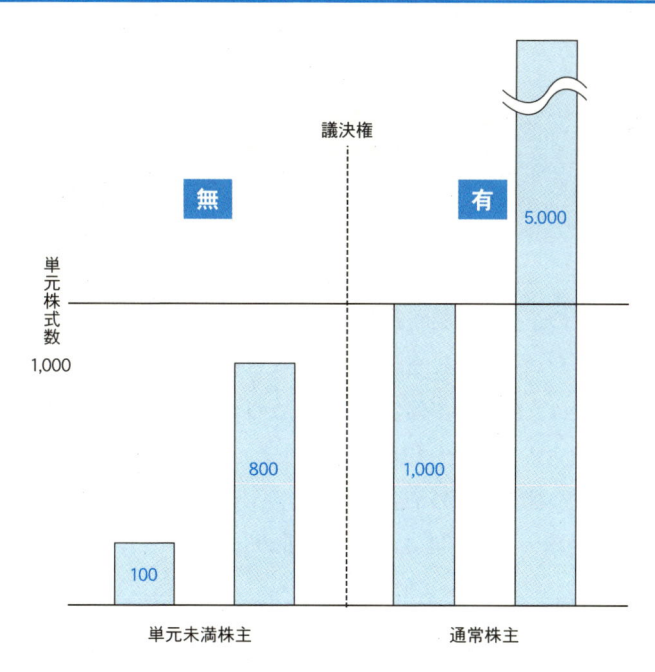

第3章　商業登記の読み方（応用編）

5　社外役員の表示

　下記のように，役員の名前の後に，「(社外取締役)」「(社外監査役)」といった表示がされている場合があります。

役員に関する事項	取締役　〇〇〇〇	
	取締役　△△△△　（社外取締役） 取締役　△△△△　（社外取締役）	平成●年●月●日 社外取締役の登記
	取締役　××××	
	（住所） 代表取締役　〇〇〇〇	
	監査役　▲▲▲▲　（社外監査役） 監査役　▲▲▲▲　（社外監査役）	平成●年●月●日 社外監査役の登記

　まず，ここにいう「社外取締役」とは，「株式会社の取締役であって，当該株式会社又はその子会社の業務執行取締役もしくは執行役又は支配人その他の使用人でなく，かつ，過去に当該株式会社又はその子会社の業務執行取締役もしくは執行役又は支配人その他の使用人となったことがないもの」をいいます（会社法第2条第15号）。また，「社外監査役」とは，「株式会社の監査役であって，過去に当該株式会社又はその子会社の取締役，会計参与もしくは執行役又は支配人その他の使用人となったことがないもの」をいいます（会社法第2条第16号）。

　簡単にいえば，「その会社との係わり合いは薄いので，いろいろなシガラミ

5　社外役員の表示

に囚われることなく，中立・公正に職務を行える人です」といったような意味です。

そして，「社外取締役」の登記は，下記の3つの場合に行われます。逆に言えば，下記にあたらない場合は，たとえ実質的には「社外取締役」であっても，登記簿上，「社外取締役」である旨の表示はできません。

> Ⅰ　会社法第373条第1項の規定による特別取締役による議決の定めがある場合（会社法第911条第3項第21号）
> Ⅱ　委員会設置会社の場合（会社法第911条第3項第22号）
> Ⅲ　会社法427条第1項の規定による社外取締役等の責任免除についての定款の定めを設定した場合（会社法第911条第3項第25号）⇒第3章 6

このうち，Ⅱについては第2章Ⅱ⑤を参照して下さい。また，Ⅲにつきましては後述しますので，ここでは，Ⅰについて説明します。

取締役会を設置している会社（取締役会設置会社）では，取締役を3名以上置かなければなりませんが，一方，上限は定款で定めなければ特にありません。そのため，何十人もの取締役がいる会社もあります。しかし，そうすると取締役会を開くのも一苦労です。そこで，ⅰ取締役の数が6名以上で，ⅱそのうち1名以上が「社外取締役」である場合には，取締役会で3名以上の取締役を選定し，「重要な財産の処分及び譲受」と「多額の借財」について決議させることができます。

ここで，選定された取締役を「特別取締役」といいます。ⅱにありますように1名以上は社外取締役でなければなりませんので，このような制度を採用した場合には社外取締役である旨の登記が必要となるのです。

第3章　商業登記の読み方（応用編）

> Ⅰ　監査役会設置会社の場合（会社法第911条第3項第18号）
> Ⅱ　会社法427条第1項の規定による社外取締役等の責任免除についての定款の定めを設定した場合（会社法第911条第3項第26号）⇒第3章 6

　次に，「社外監査役」ですが，こちらは上記2つの場合に「社外」の表示が登記事項とされています。
　よって，「社外取締役」あるいは「社外監査役」である旨の登記がされている場合には，通常，それだけではなく，取締役についてはⅠⅡⅢ，監査役についてはⅠⅡの登記がパックになって，登記事項証明書にも記載されます。

コラム

　ところで，社外取締役は，前述のような役員であることから，業務執行はしません。もし，業務を執行することになると，社外取締役には該当しなくなるため，下記のように「（社外取締役）」の表示が消されることになります。

役員に関する事項	取締役　〇〇〇〇 （社外取締役）	平成20年10月●日就任
		平成20年10月●日登記
	取締役　△△△△	平成21年3月●日業務執行
		平成21年3月●日登記

　なお，会社に対する責任の制限の規定が廃止された場合等，社外の記載が認められなくなる場合には，下記のような登記により「（社外取締役）」の記載が消されることになります。もちろん，この場合は会社に対する責任の制限の規定につき，廃止の登記もされます。

役員に関する事項	取締役　〇〇〇〇 （社外取締役）	平成20年10月●日就任
		平成20年10月●日登記
	取締役　△△△△	平成21年12月●日責任制限の定め廃止により変更
		平成21年12月●日登記

6 定款による責任免除・責任限定契約

I 会社に対する責任

　繰り返しになりますが，取締役・監査役等の役員は，会社と「委任契約」を結んでいると考えられています。「委任契約」とは，一方（会社）が他方（役員）に事務の処理を委託する約束であり，民法上の原則では無報酬とされていますが，役員等については「定款」等で報酬を支払うことが定められています（有償）。

　よって，役員等がその任務（委任された事務処理）を怠ったときは，株式会社に対して，これによって生じた損害を賠償しなければなりません。具体的には，「競業義務違反」や「利益相反取引」に基づく「会社に対する責任」です。

　取締役は，会社の業務（仕事）に精通していますから，これと競争関係に立つような商売を，自分や第三者のためにするときは，会社の利益がそちらに流れてしまう恐れがあります。そこで，このような競業取引をしようとする場合には，事前に株主総会や取締役会の承認を受けなければならないとされています。

　また，たとえば取締役個人の債務について会社に保証人になってもらう場合等，取締役と会社の利益が反するような場合も同様です。

Ⅱ 会社に対する責任の免除

① 責任の全部免除

このような役員等の「会社に対する責任」は，会社の実質的な所有者である「総株主が同意」すれば「全責任」を免除することができます。会社が損害を被る→株価の下落→総株主の損害に他ならないからです。

② 責任の一部免除

また，役員等が「重大な不注意なく（無重過失）」「気づかずに（善意）」任務を怠ってしまった場合には，「株主総会」の「特別決議」によって，賠償責任を負う額を一定額に限定することができます。これが原則的な，取締役の責任の「一部」免除です。わずかな不注意で莫大な損害賠償責任を負うのでは，取締役のなり手がいなくなってしまうからです。

さらに，「監査役設置会社（取締役2名以上の場合に限る）」又は「委員会設置会社」では，あらかじめ「定款」に記載することにより，「取締役の過半数の同意」あるいは「取締役会決議（もちろん当該取締役は除かれます。）」で，同じく「一部」免除することができます。ただし，このような定めを「定款」においたときは，その旨を登記しなければならず，これは「取締役等の会社に対する責任の免除に関する規定」の欄に記載されます。

③ 責任限定契約

さらに，「社外取締役」「社外監査役」「会計参与」「会計監査人」との間では，「責任」を一定額以下に「限定」する「契約」を締結できる旨を「定款」で定めることができます（会社法第427条）。これを「責任限定契約」といい，同じくその旨の登記をしなければならず，かつ，取締役と監査役については「社外」の表示が必要です。

下記は，これら2つの定款の定めがある会社の登記事項証明書です。

6　定款による責任免除・責任限定契約

役員に関する事項	取締役　〇〇〇〇	平成●年●月●日重任
	取締役　〇〇〇〇	平成●年●月●日登記
	取締役　△△△△（社外取締役）	平成●年●月●日重任
	取締役　△△△△（社外取締役）	平成●年●月●日登記
	取締役　××××	平成●年●月●日重任
	取締役　××××	平成●年●月●日登記
	（住所） 代表取締役　〇〇〇〇	平成●年●月●日重任
	（住所） 代表取締役　〇〇〇〇	平成●年●月●日登記
	監査役　▲▲▲▲（社外監査役）	平成●年●月●日重任
	監査役　▲▲▲▲（社外監査役）	平成●年●月●日登記
取締役等の会社に対する責任の免除に関する規定	当会社は，会社法第426条第1項の規定により，任務を怠ったことによる取締役（取締役であった者を含む。）の損害賠償責任を，法令の限度において，取締役会の決議によって免除することができる。 　当会社は，会社法第426条第1項の規定により，任務を怠ったことによる監査役（監査役であった者を含む。）の損害賠償責任を，法令の限度において，取締役会の決議によって免除することができる。 　　　　　　　　　　　平成〇〇年〇〇月〇〇日設定 　　　　　　　　　　　平成〇〇年〇〇月〇〇日登記	
社外取締役等の会社に対する責任の制限に関する規定	当会社は，会社法第427条第1項の規定により，社外取締役との間に，任務を怠ったことによる損害賠償責任を限定する契約を締結することができる。ただし，当該契約に基づく責任の限度額は，法令が規定する額とする。 　当会社は，会社法第427条第1項の規定により，社外監査役との間に，任務を怠ったことによる損害賠償責任を限定する契約を締結することができる。ただし，当該契約に基づく責任の限度額は，法令が規定する額とする。 　　　　　　　　　　　平成〇〇年〇〇月〇〇日設定 　　　　　　　　　　　平成〇〇年〇〇月〇〇日登記	

第3章　商業登記の読み方（応用編）

　なお，いずれの場合も，「一部」免除できるのは423条1項に基づく任務懈怠による会社に対する責任に限られ，かつ，取締役等が職務を行うにつき「善意無重過失」でなければなりません。ただし，取締役が「第三者のため」ではなく「自己のため」に行う会社との取引に関しては，いわゆる「無過失責任」とされており，総株主の同意による責任の全部免除以外は，免責されません。

　なお，「社外取締役等の会社に対する責任の制限に関する規定」があるからといって，必ずしも，「責任限定契約」が結ばれているかというとそうとは限りませんので，この点はご注意ください。

7　会計監査人・会計参与

Ⅰ　会計監査人

　いわゆる「大会社」と「委員会設置会社」は、「会計監査人」を置かなければなりません。

　このような良くも悪くも大きな会社では、利害関係を有する人も莫大で、もし、倒産などといった事態になろうものなら、その被害は計り知れません。そこで、このような会社では、計算関係書類につき、会社との契約により委任を受けて監査を行う外部の専門職業人である「会計監査人」の設置が義務付けられているのです。このように「会計監査人」は専門性と公正さが強く要求されますから、公認会計士又は監査法人のような有資格者でなければならず、かつ、独立性を維持するため、その会社の役員等であったり、あるいは過去1年以内に役員等であった者又はその配偶者は、「会計監査人」になれない等、一定の欠格事由も定められています。

　会計監査人は、株主総会で選任されますが、会社の機関ではありませんし、報酬等も定款や株主総会決議によって定める必要はありません。ただし、取締役が当該報酬等を定める場合には、監査役（2人以上いるときはその過半数）・監査役会・監査委員会の同意を得なければなりません。監査される側の取締役が、「会計監査人」の財布の紐を握っていては、十分な監査は期待できないからです。

　なお、多少の制約はありますが、上記以外の会社であっても、「定款」で定めることにより「会計監査人」を置くことができます。ただし、「特例有限会社」はたとえ大会社であっても、「会計監査人」を置くことはできません。

第3章　商業登記の読み方（応用編）

役員に関する事項	会計監査人　▲▲▲▲監査法人 会計監査人　▲▲▲▲監査法人	平成21年6月29日重任
		平成21年7月7日登記
会計監査人設置会社に関する事項	会計監査人設置会社	
		平成17年法律第87号第136条の規定により平成18年5月2日登記

会計監査人設置の可否

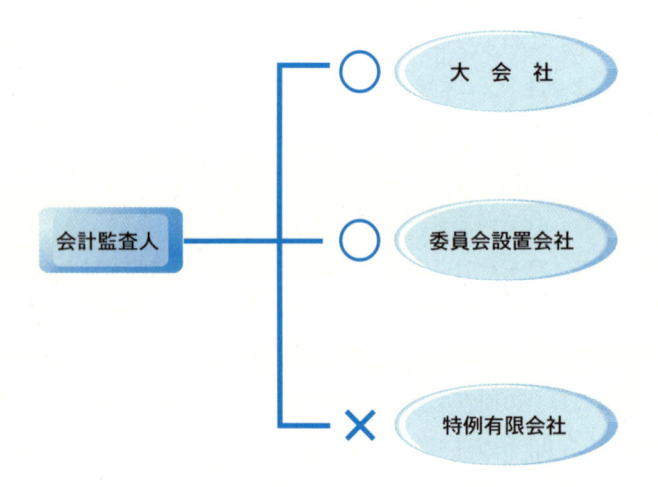

```
                    ○ ── 大 会 社
会計監査人 ──────── ○ ── 委員会設置会社
                    × ── 特例有限会社
```

Ⅱ 会計参与

　「会計監査人」に似たもので,「会計参与」というものがあります。取締役と共同して計算書類等を作成する会社の機関で,「特例有限会社」を除くすべての株式会社が定款に定めることにより,任意に置くことができます。

　会計参与は,会計監査人設置会社以外の中小企業の計算書類が適正に作られることを期待して設けられた制度であり,会計参与となる資格は,公認会計士・監査法人のみならず,税理士や税理士法人でも就任可能です。基本的には,大会社は会計監査人＝公認会計士,中小会社は会計参与＝税理士というのが法律の意図といえるでしょう。

　もっとも,会計参与の責任の重大性と報酬等の兼ね合いからか,現実にはほとんど機能しておらず,実際にこのような登記を見かけることはほとんどありません。

　なお,「(書類等備置場所) 大田区……」にも,その会社の決算書類が備え付けられています。

役員に関する事項	会計参与　　●●●●税理士法人 　　　　　　（書類等備置場所）大田区……
会計参与設置会社に関する事項	会計参与設置会社 　　　　　　　　　　　　　　　　平成19年5月2日登記

第3章　商業登記の読み方（応用編）

8　合併・分割

I　合　　併

　会社は「合併」することができます。

　「合併」とは，2つ以上の会社が融合して1つの会社になることをいいます。2つの会社がともに消滅して，新しい会社をつくる「新設合併」と，片方の会社がもう一方の会社に吸収されて消滅する「吸収合併」の2つの手法があります。いずれの手法によっても，消滅した会社は，新設された会社あるいは存続する会社の中で，なお，生きているといえますので，消滅会社の権利・義務の一切が，「新設会社」あるいは「存続会社」に承継されます。これを「包括承継」といいます。

　したがって，消滅会社に対して，「貸したお金を返してくれ」といえた人（債権者）は，合併以後は，「新設会社」あるいは「存続会社」に「返してくれ」ということができます。逆に，消滅会社からお金を借りていた人（債務者）は，「新設会社」「存続会社」に返さなければなりません。

　もっとも，許認可の絡みや手間と費用からも，「新設合併」が行われるのはまれで，実際には「吸収合併」がほとんどです。

　また，「登記簿」「登記事項証明書」について言えば，新設合併では，消滅する2つ以上の会社の「登記簿」は合併による旨が記載されて閉鎖されます。そして，新しい会社の「登記簿」が作成され，「登記事項証明書」が発行されます。吸収合併では，吸収する側の会社の「登記簿」は，吸収合併があった旨の記載がされ存続しますが，消滅する側の会社の「登記簿」は吸収された旨が記載され，閉鎖されることになります。

　消滅会社にお金を貸していた人は，その「閉鎖登記事項証明書」を見れば，

8　合併・分割

新しい請求先を知ることができます。

【新設合併】

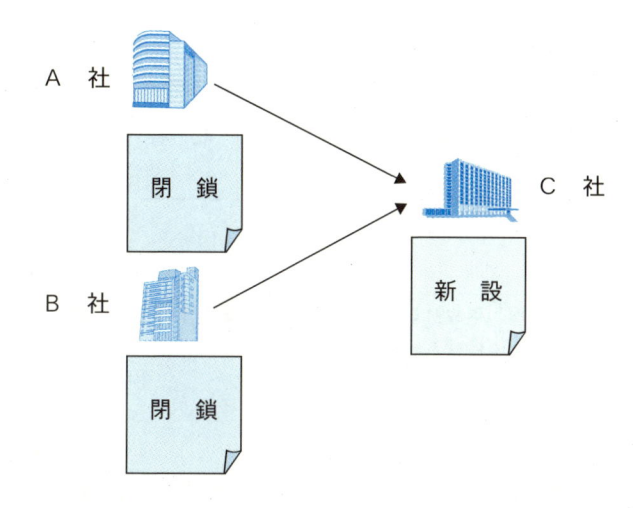

（新設会社：C社）

登記記録に関する事項	東京都台東区上野三丁目●番●号　株式会社A　及び東京都目黒区下目黒二丁目●番●号　株式会社B　の合併により設立 　　　　　　　　　　　　　　　　　　　平成21年9月9日登記

（消滅会社：A社）

登記記録に関する事項	平成21年9月9日東京都目黒区下目黒二丁目●番●号　株式会社B　と合併して東京都港区新橋五丁目●番●号　株式会社Cを設立し解散 　　　　　　　　　　　　　　　　　　　平成21年9月9日登記 　　　　　　　　　　　　　　　　　　　平成21年9月9日閉鎖

B社の謄本では，上記の「東京都目黒区下目黒二丁目●番●号　株式会社B」の部分が，「東京都台東区上野三丁目●番●号　株式会社A」となります。

第 3 章　商業登記の読み方（応用編）

【吸収合併】

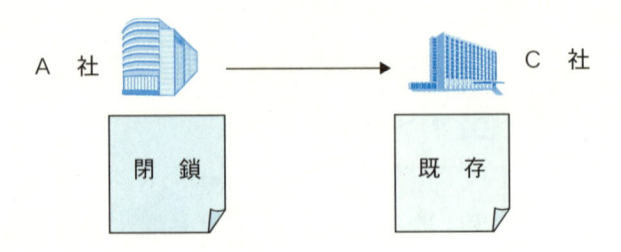

A 社　　　　→　　　C 社
閉鎖　　　　　　　　既存

（吸収会社：C 社）

登記記録に関する事項	平成21年9月9日東京都台東区上野三丁目●番●号　株式会社A　を合併 平成21年9月10日登記

（消滅会社：A 社）

登記記録に関する事項	平成21年9月9日東京都港区新橋五丁目●番●号　株式会社C　に合併し解散 平成　年　月　日登記 平成　年　月　日閉鎖

Ⅱ 分　　　割

　会社は「分割」することもできます。

　「分割」は「合併」とは逆に，1つの会社を2つ以上の会社に分けることです。こちらも手法としては，新しい会社を作る「新設分割」と，既存の会社に対して行う「吸収分割」の2つがあります。いずれも，元の会社のお仕事（事業）とそれに伴う権利と義務の全部又は一部を承継します。

　「登記簿」「登記事項証明書」について言えば，「新設分割」では，元の会社の「登記簿」には，新しい会社に分割した旨が記載され，新しい会社の「登記簿」には会社分割によって設立された旨が記載されます。他方，「吸収分割」では，吸収する側の会社の証明書も，吸収される側の会社の証明書も，吸収分割があった旨が記載され残ります。

【新設分割】

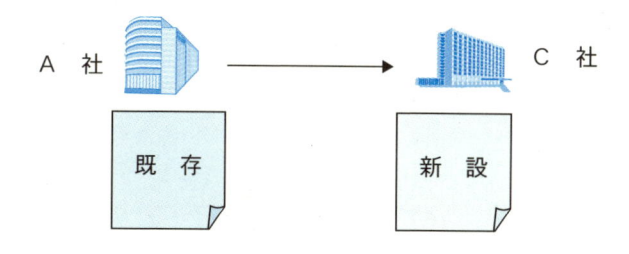

A 社　→　C 社
既存　　　新設

（新設会社：C社）

登記記録に関する事項	平成21年9月9日東京都台東区上野四丁目●番●号　株式会社Aから分割により設立　　　　　　　　　　　　　　　平成21年9月9日登記

第3章　商業登記の読み方（応用編）

【吸収分割】

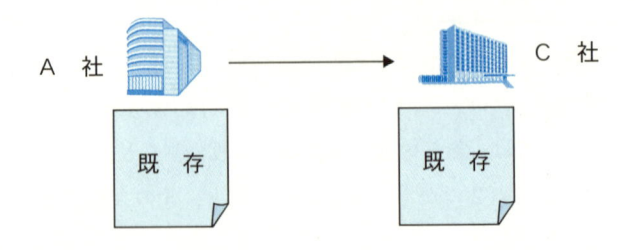

A 社　　　　→　　　C 社
既存　　　　　　　　既存

（分割会社：A社）

登記記録に関する事項	平成21年9月9日東京都港区新橋五丁目●番●号　株式会社Cに分割 　　　　　　　　　　　　　　　　　　平成21年9月9日登記

（承継会社：C社）

登記記録に関する事項	平成21年9月9日東京都台東区上野四丁目●番●号　株式会社Aから分割 　　　　　　　　　　　　　　　　　　平成21年9月9日登記

9 支店・支配人

I 支 店

　「支店」とは，通常は，本社・本店から遠隔にある地域で，本店と同様の営業展開するために設置された事務所のことです。しかし，たまに本店と同じ場所にあったりもします。

　会社が，「支店」を設けた場合には，本店所在地はもとより，その支店の所在地においても「支店」の登記をしなければなりません。登記の申請先は，支店所在地を管轄する法務局になります。

　この「支店」の登記では，商号・本店所在地・会社成立の年月日・支店所在地の4つのみが記載されます。支店名や支店長名・支配人名は登記されません。

【本店分の謄本】

支　　店	1 渋谷区渋谷〇〇	平成21年9月20日設置
		平成21年9月28日登記

【支店の登記】

商　　号	〇〇〇〇株式会社
本　　店	東京都千代田区日本橋●●
会社成立の年月日	平成18年4月1日
支　　店	1 渋谷区渋谷●●
登記記録に関する事項	平成21年9月20日支店設置 　　　　　　　　　　　　平成21年9月30日登記

第3章 商業登記の読み方（応用編）

Ⅱ 支 配 人

　また，会社は「支配人」を選任して，本店又は支店でその事業を行わせることができます。「支配人」は特定の営業所に置かれ，その営業所の営業に関する一切の行為をすることができます。会社は，「支配人」を選任したとき，またはその代理権が消滅したときは，「本店所在地」において「支配人の登記」をしなければなりません。

　なお，「支店」と「支配人」との関係は，支店を設置したからといって，必ずしもそこに「支配人」を設置する必要はありませんが，支配人を本店以外で選任するには「支店」がなければなりません。

　下記は，本店所在地での登記事項証明書です。支店の登記では登記事項が上記4つに限られているため，支店の登記には記載されません。

支配人に関する事項	（住所）●●●● 営業所　東京都渋谷区〇〇	平成●年●月●日登記
支　　店	1 渋谷区渋谷〇〇	平成●年●月●日設置
		平成●年●月●日登記

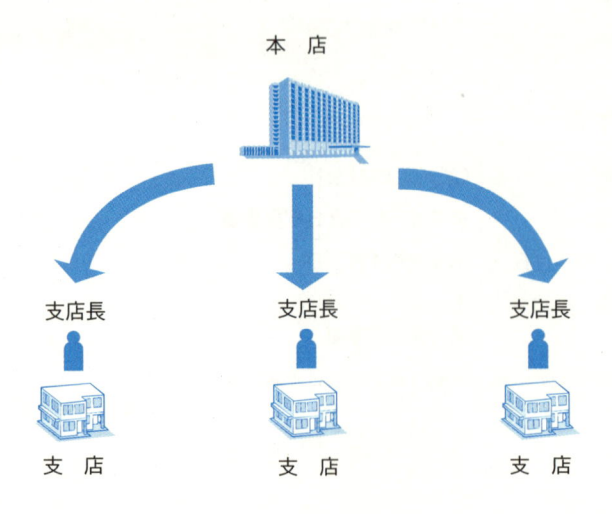

10　解散・清算，清算結了と継続

I　解散・清算

株式会社は，下記の事由により解散します。

<解散事由>
① 存続期間の満了等定款で定めた解散事由の発生
② 株主総会の決議
③ 合　　併
④ 破産手続開始の決定
⑤ 解散命令
⑥ 解散判決
⑦ 休眠会社のみなし解散

「解散」というと，すぐに会社が無くなってしまうのではないかと考える方もいらっしゃるでしょうが，会社は解散してもすぐには無くなりません。それまでに，形成してきた財産（プラスもマイナスも含め）がありますし，継続している取引もあるでしょう。これらをそのままにしておくことはできませんので，解散後は，「合併・破産」の場合を除き，「清算手続」が開始されます。

「清算手続」とは，当該会社が有している債権・債務等の資産をゼロにする手続で，現務を結了（＝解散前の会社の業務の後始末をつけること）し，債権は回収し，債務は弁済し，最終的に残った財産（残余財産）は株主に分配することになります。

このような「清算会社」は，営業を行わず，清算の目的の範囲内で存続しますから，取締役（代表取締役も含みます。）はその地位を失い，「清算人」がそれ

第3章 商業登記の読み方(応用編)

に代わって清算事務を執り行うことになります。もちろん,取締役や代表取締役が「清算人」になることに何の問題もありません。このような,取締役等の「退任」と,「清算人選任」は,「解散」と同時に登記されるため,解散後,清算結了前の会社の登記は下記のようになっているのが通常です。

なお,「監査役」は「清算手続」を見守るため,解散により当然に退任しません。「監査役」も退任させるためには,定款を変更し「監査役を設置する旨の定め」を廃止する必要があります。ただし,清算会社となった時点で,「公開会社」又は「大会社」であった場合には,「監査役」を置かなければなりません。

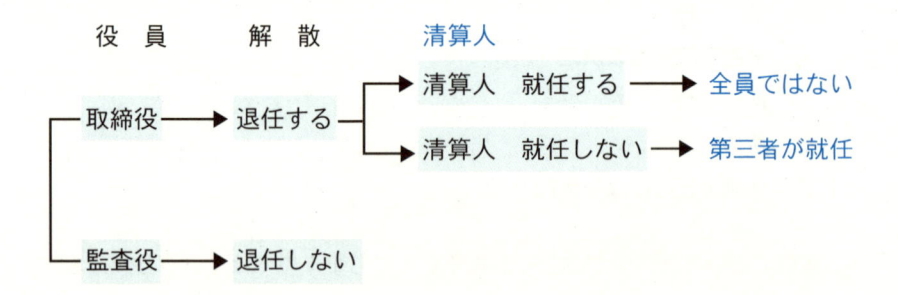

```
役 員        解 散         清算人
                    ┌→ 清算人 就任する  → 全員ではない
 ┌取締役 → 退任する ─┤
 │                  └→ 清算人 就任しない → 第三者が就任
 │
 └監査役 → 退任しない
```

10 解散・清算，清算結了と継続

役員に関する事項	取締役　〇〇〇〇	平成●年●月●日重任
		平成●年●月●日登記
	取締役　△△△△	平成●年●月●日重任
		平成●年●月●日登記
	取締役　××××	平成●年●月●日重任
		平成●年●月●日登記
	（住所） 代表取締役　〇〇〇〇	平成●年●月●日重任
		平成●年●月●日登記
	監査役　▲▲▲▲	平成●年●月●日重任
		平成●年●月●日登記
	清算人　（氏名）	
		平成21年4月8日登記
	（住所） 代表清算人　（氏名）	
		平成21年4月8日登記
取締役会設置会社に関する事項	取締役会設置会社	
		平成17年法律第87号第136条の規定により平成18年5月1日登記
監査役設置会社に関する事項	監査役設置	
		平成17年法律第87号第136条の規定により平成18年5月1日登記
解　　散	平成21年4月1日株主総会の決議により解散	
	平成20年4月8日登記	

第3章　商業登記の読み方（応用編）

II　清算結了と継続

　清算会社は，清算事務が終了したときは，遅滞なく（遅くならないうちに），決算報告（右側が0，左側も0の貸借対照表になるのが通常です。）を作成し，株主総会の承認を受けなければなりません。この承認により清算は結了し（「清算結了」），会社の法人格は失われます。そして，株主総会の承認の日から2週間以内に「清算結了」の登記をしなければならず，この登記申請により登記事項証明書は閉鎖され，以後は，閉鎖登記事項証明書しか取得できなくなります。

解　　散	平成21年4月1日株主総会の決議により解散 　　　　　　　　　　　　　　　　　平成20年4月8日登記
登記記録に関する事項	平成21年10月1日清算結了 　　　　　　　　　　　　　　　　　平成21年10月8日登記 　　　　　　　　　　　　　　　　　平成21年10月8日閉鎖

　なお，清算が結了する前に株主総会の特別決議によって会社を「継続」させることも可能です。この場合には，「会社継続」の登記をする必要があります。
　同時に，営業を再開すべく取締役等を選任しますので，「役員に関する事項」には「就任」の登記がされます。そしてこの「会社継続」の記載は，その「役員に関する事項」欄の下に置かれます。

会社継続	平成21年5月5日会社継続 　　　　　　　　　　　　　　　　　平成20年4月8日登記
解　　散	平成21年4月1日株主総会の決議により解散 　　　　　　　　　　　　　　　　　平成20年4月8日登記

11 民事再生・破産・会社更生

I 民事再生

　会社が事業を行っていく過程では，期限に支払わなければならないお金が手元になく，支払ができないといった緊急事態も発生します。相手が支払を待ってくれたり，金融機関等から借り入れができればよいのですが，そううまくいかないこともあるでしょう。

　このような場合に，相手方（＝債権者。もちろん1人とは限りません。）がわれ先にと回収に走ってしまっては，たとえば，1ヶ月先には入金が見込まれるにもかかわらず，会社は「倒産」，他の債権者は「貸し倒れ」といった惨事が発生するおそれがあります。そこで，このような事態を回避し，公正な手続によって，債権者の平等と企業の再建を図ろうとするのが「民事再生」です。

　このような「民事再生」は，原則として，現状のままで「再生」を試みるのが建前ですから，役員などはそのままです。ただ，そのような状況（倒産一歩手前）に会社を導いてしまった経営陣に，従前どおりの権限を与えておくのは，少々危険です。そのため，ほぼ例外なく，経営陣を監督する「監督委員」が選任されます。監督委員の住所・氏名及びその同意がなければできない行為等は登記（嘱託登記）されますので，「登記事項証明書」で確認できます。ちなみに，「監督委員」の同意を得ずに行った行為は原則として無効とされています。

　なお，「民事再生」は，会社・法人のみならず，「個人」でも利用可能です。

　下記が民事再生を申し立てた会社の「登記事項証明書」です。

第3章　商業登記の読み方（応用編）

現在事項全部証明書

本店
商号
会社法人等番号　●●●●－●●－●●●●●●●

商　　号	○○○○株式会社	
本　　店		
公告をする方法	官報に公告してする	
会社成立の年月日	平成18年4月1日	
目　　的	1．宅地建物取引業 2．前号に附帯関連する事業	
発行可能株式総数	1,600万株	
発行済株式の総数並びに種類及び数	発行済株式の総数 　　　400万株	
株券を発行する旨の定め	当会社の株式については，株券を発行する 　　　　　　　　　　　　平成17年法律第87号第136条の規定により平成18年5月1日登記	
資本金の額	金2億円	
株式の譲渡制限に関する規定	当会社の株式を譲渡により取得するには取締役会の承認を要する。	
役員に関する事項	取締役　○○○○	平成●年●月●日重任
		平成●年●月●日登記
	取締役　△△△△	平成●年●月●日重任
		平成●年●月●日登記
	取締役　××××	平成●年●月●日重任
		平成●年●月●日登記
	（住所） 代表取締役　○○○○	平成●年●月●日重任
		平成●年●月●日登記
	監査役　▲▲▲▲	平成●年●月●日重任
		平成●年●月●日登記

		（住所） 監査委員　（氏名） 上記の者による監督を命ずる。 監督委員の同意を得なければすることができない行為（ただし，再生計画認可決定があった後は，この限りではない。） (1)　再生債務者が所有又は占有する財産に係る権利の譲渡，担保権の設定，賃貸その他一切の処分（常務に属する取引に関する場合を除く。） (2)　再生債務者の有する債権についての譲渡，担保権の設定，その一切の処分（再生債務者による取立てを除く。） (3)　財産の譲受け（商品の仕入れその他常務に属する財産の譲受を除く。） (4)　貸付け (5)　金銭の借入れ（手形割引を含む。）及び保証 (6)　債務免除，無償の債務負担行為及び権利の放棄 (7)　別除権の目的である財産の受戻し	平成20年9月22日 東京地方裁判所の決定
取締役会設置会社に関する事項		取締役会設置会社 平成17年法律第87号第136条の規定により平成18年5月1日登記	
監査役設置会社に関する事項		監査役設置会社	平成17年法律第87号第136条の規定により平成18年5月1日登記
民事再生		平成20年9月30日午後3時東京地方裁判所の再生手続開始	平成20年10月6日登記
登記記録に関する事項		設立	平成18年4月1日登記

第3章 商業登記の読み方（応用編）

このほか，「監督委員」では生ぬるいという会社（個人は対象となりません）では，「管財人」が選任されることがあります。「管財人」が選任されると，会社の業務を執行する権限と財産を管理する権限は，経営陣から「管財人」に移ります。このような会社との交渉では，「代表取締役」ではなく，「管財人」を相手にする必要がありますので，「登記事項証明書」等で「管財人」の住所・氏名を確認してください。

役員に関する事項	取締役　〇〇〇〇	平成●年●月●日重任
		平成●年●月●日登記
	取締役　△△△△	平成●年●月●日重任
		平成●年●月●日登記
	取締役　××××	平成●年●月●日重任
		平成●年●月●日登記
	（住所） 代表取締役　〇〇〇〇	平成●年●月●日重任
		平成●年●月●日登記
	監査役　▲▲▲▲	平成●年●月●日重任
		平成●年●月●日登記
	（住所） 管財人　（氏名） 上記の者による業務及び財産の管理を命ずる。	平成20年9月22日 東京地方裁判所の決定
		平成20年9月24日登記
民事更生	平成20年9月30日午後3時東京地方裁判所の再生手続開始	
	平成20年10月6日登記	

Ⅱ 会社更生

　「会社更生」とは,「民事再生」と同様に会社の再生を目的とする,会社更生法に基づく手続です。この点ではⅠの「民事再生」と変わらないのですが,以下の点で異なっています。

　まず,対象が「株式会社（特例有限会社を含む）」のみであること,旧経営陣の権限は基本的には「管財人」に移ること,さらに「担保権」も含め更生手続の中で処理されることです。「担保権」とは,より確実にお金等を返してもらえるようにする権利で,土地や建物等の不動産に設定する抵当権や,他の裕福な人からも返してもらえるようにする保証などをいいます。当然ですが,このような「担保権」がついている債権は,担保権がついていない普通の債権よりも優先されます。

　「会社更生」は,「民事再生」よりも手続が厳格であることから終了までに相応の時間がかかりますが,「再生」という点では民事再生よりも確実性が高いようです。もっとも,現在では,いわゆる「ＤＩＰ型会社更生手続」の導入が進みつつあり,この手続では,一定の条件の下で取締役が管財人として引き続き業務の運営にあたることができます。さらに,時間や手間も少なくて済むので最近では,会社更生を申し立てる企業も増えつつあるようです。

　なお,「管財人選任」は,「更生手続開始決定」と同時でなければなりませんので,両者の「登記」の日付は一致します。

第 3 章　商業登記の読み方（応用編）

役員に関する事項	取締役　〇〇〇〇	平成●年●月●日重任
		平成●年●月●日登記
	取締役　△△△△	平成●年●月●日重任
		平成●年●月●日登記
	取締役　××××	平成●年●月●日重任
		平成●年●月●日登記
	（住所） 代表取締役　〇〇〇〇	平成●年●月●日重任
		平成●年●月●日登記
	監査役　▲▲▲▲	平成●年●月●日重任
		平成●年●月●日登記
	（住所） 管財人　（氏名）	
		平成20年10月6日登記
会社更生	平成20年9月30日午後3時東京地方裁判所の再生手続開始	
	平成20年10月6日登記	

Ⅲ 破　　産

　「破産」とは，債務者が経済的に破綻して，弁済期にある債務（その時点で，払わなければならないお金等）の総債権者に対して債務を弁済することができない状態にあることをいいます。会社で言えば「倒産」であり，「破産手続」では前記の民事再生や会社更生のように「再生」を目指すものではなく，会社は「解散」し，その後始末が行われます。

　手続としては，債務者等により「破産」の申し立てがされ，裁判所が理由ありと認めれば「破産手続開始決定」をし，「破産管財人」を選任します。「破産管財人」は会社の財産を金銭に換えて債権者に配当します。前述の通り，会社と役員は委任関係にあり，破産は委任契約の終了事由ですから，役員は当然に「退任」します。「破産管財人」の登記がされ，今後の会社の財産を処分・管理する権限は「破産管財人」が持つことになります。

役員に関する事項	取締役　〇〇〇〇	平成●年●月●日重任
		平成●年●月●日登記
	取締役　△△△△	平成●年●月●日重任
		平成●年●月●日登記
	取締役　××××	平成●年●月●日重任
		平成●年●月●日登記
	（住所） 代表取締役　〇〇〇〇	平成●年●月●日重任
		平成●年●月●日登記
	監査役　▲▲▲▲	平成●年●月●日重任
		平成●年●月●日登記
	（住所） 管財人　（氏名）	
		平成20年10月6日登記
破　　産	平成20年9月30日午後3時東京地方裁判所の破産手続開始	
	平成20年10月6日登記	

第3章 商業登記の読み方（応用編）

　なお，債務者の財産が極めて少ない場合には，このような破産手続を踏むこと自体，無駄なので，破産宣告と同時あるいは後に，手続自体が廃止される場合があります。前者を「同時廃止」，後者を「異時廃止」といいますが，これにより，その会社の登記簿は閉鎖され，以後，「閉鎖事項証明書」しか取得できなくなります。

破　　産	平成20年9月30日午後3時東京地方裁判所の破産手続開始 平成20年9月30日午後3時東京地方裁判所の破産手続同時廃止 　　　　　　　　　　　　　　　　平成20年10月6日登記

12　有限会社からの移行

　現行の会社法の下では，「有限会社」から「株式会社」への組織変更が，「商号変更」(会社の種類変更ですが) というより簡易な方法でできるようになっています。これを「移行」といいます。

　このような「移行」をした場合，形式的には「商号変更」ですが，実質的には新たな株式会社の「設立」とみて，先の有限会社の登記簿は閉鎖され，新たに株式会社の登記がされることになります。ただし，両者は同じ法人 (同一の人格) であることに変わりはありません。そのため，後記「閉鎖事項証明書」「登記事項証明書」の「会社成立の年月日」は同一です。

　なお「移行」に際しては，必ず定款変更が必要になりますが (少なくとも「商号」は変えなければなりません。)，この会社は「発行可能株式総数」を100株に増やしたようです。

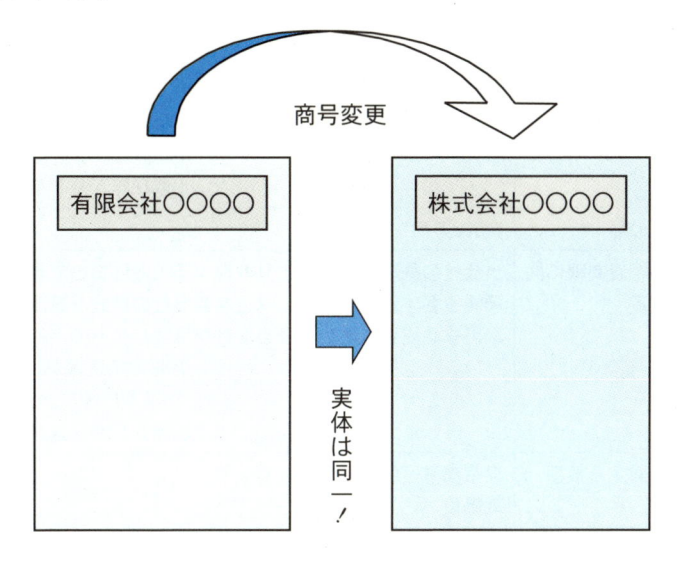

第3章　商業登記の読み方（応用編）

【旧有限会社】

閉鎖事項全部証明書

本店　東京都港区〇〇一丁目2番3号
商号　有限会社〇〇〇〇
会社番号　0104—02—〇〇〇〇〇〇

商　　号	有限会社〇〇〇〇	
本　　店	東京都港区〇〇一丁目2番3号	
公告をする方法	官報に掲載してする	平成17年法律第87号第136条の規定により平成18年5月8日登記
会社成立の年月日	平成17年11月1日	
目　　的	1. 家庭電器用品の製造及び販売 2. 前号に附帯関連する一切の事業	
出資1口の金額	金5万円	
発行可能株式総数	60株	平成17年法律第87号第136条の規定により平成18年5月8日登記
発行済株式の総数並びに種類及び数	発行済株式の総数 60株	平成17年法律第87号第136条の規定により平成18年5月8日登記
資本金の額	金300万円	
株式の譲渡制限に関する規定	当会社の株式を譲渡により取得することについて当会社の承認を要する。当会社の株主が当会社の株式を譲渡により取得する場合においては当会社が承認したものとみなす。 　　　　　　　　　　平成17年法律第87号第136条の規定により平成18年5月8日登記	
役員に関する事項	東京都港区〇〇一丁目2番3号 取締役　　　　〇〇〇〇	

12　有限会社からの移行

登記記録に関する事項	平成20年4月1日株式会社〇〇〇〇に商号変更し，移行したことにより解散
	平成20年4月2日登記

【新株式会社】

現在事項全部証明書

本店　東京都港区〇〇一丁目2番3号
商号　株式会社〇〇〇〇
会社法人等番号　0104―01―〇〇〇〇〇〇

商　　号	株式会社〇〇〇〇
本　　店	東京都港区〇〇一丁目2番3号
公告をする方法	官報に掲載してする
会社成立の年月日	平成17年11月1日
目　　的	1．家庭電器用品の製造及び販売 2．前号に附帯関連する一切の事業
発行可能株式総数	100株
発行済株式の総数並びに種類及び数	発行済株式の総数 　　60株
資本金の額	金300万円
株式の譲渡制限に関する規定	当会社の株式を譲渡により取得することについて当会社の承認を要する。当会社の株主が当会社の株式を譲渡により取得する場合においては当会社が承認したものとみなす。
役員に関する事項	取締役　　　〇〇〇〇
	東京都港区〇〇一丁目2番3号 代表取締役　　〇〇〇〇
登記記録に関する事項	平成20年4月1日有限会社〇〇〇〇を商号変更し，移行したことにより設立 　　　　　　　　　　　　　　　　平成20年4月2日登記

第3章　商業登記の読み方（応用編）

13　外国会社

　「外国会社」は，外国の法律（これを「準拠法」といいます。）によって設立された外国籍の会社です。「外国会社」も，わが国で継続的に事業（仕事）を行おうとする場合には，日本で登記しなければなりません。

　日本で事業を行う以上，その外国会社を代表する権限を持つ人（=「日本における代表者」）のうち，「少なくとも1人」は日本に住所を有していなければなりません。もちろん国籍は問いません。

　外国会社は，この「日本における代表者」を選任した場合には，その人の「住所地」を管轄する「法務局」で登記をしなければなりません。ただし，選任と同時に，あるいは選任登記をした後に，日本における「営業所」を設置した場合には，この「営業所の所在地」を管轄する「法務局」に登記を申請することになります。

　そのときの「登記」の仕方ですが，日本の同じ種類の会社，なければ最も類似した会社の種類に従って登記するとされています。よって，「登記事項証明書」も，会社の種類に応じた形式で発行されることになります。

　下記は，「日本における代表者」を選任すると同時に，「営業所」を設けた場合で，さらに「株式会社」の形式で登記された韓国の会社の「登記事項証明書」です。

　ちなみに，この会社で，もし「営業所」を設置せずに，「日本における代表者」のみを選任したのであれば，下記の「登記事項証明書」は「支店」欄の記載がないものになります。

13　外国会社

履歴事項全部証明書

本店
商号
会社法人等番号　●●●●—●●—●●●●●●

商　　　号	株式会社〇〇〇〇
本　　　店	大韓民国ソウル特別市●●
公告をする方法	（準拠法の規定による公告）
会社設立の準拠法	大韓民国の商法
会社成立の年月日	1964年●月●日
目　　　的	1．古物の売買，輸出入仲介 2．リース業 3．前格号に付帯関連する一切の事業
発行可能株式総数	8,005株
発行済株式の総数並びに種類及び数	発行済株式の総数 　　　　　500万株（普通株）
資本金の額	金　　　　韓国ウォン
役員に関する事項	取締役　〇〇〇〇
	取締役　△△△△
	取締役　××××
	（住所） 代表取締役　〇〇〇〇
	監査役　▲▲▲▲
	（住所） 日本における代表者　●●●●
支　　　店	1　東京都港区新橋●●●●
登記記録に関する事項	平成●●年●●月●●日営業所設置 　　　　　　　　　　平成〇〇年〇〇月〇〇日登記

第3章　商業登記の読み方（応用編）

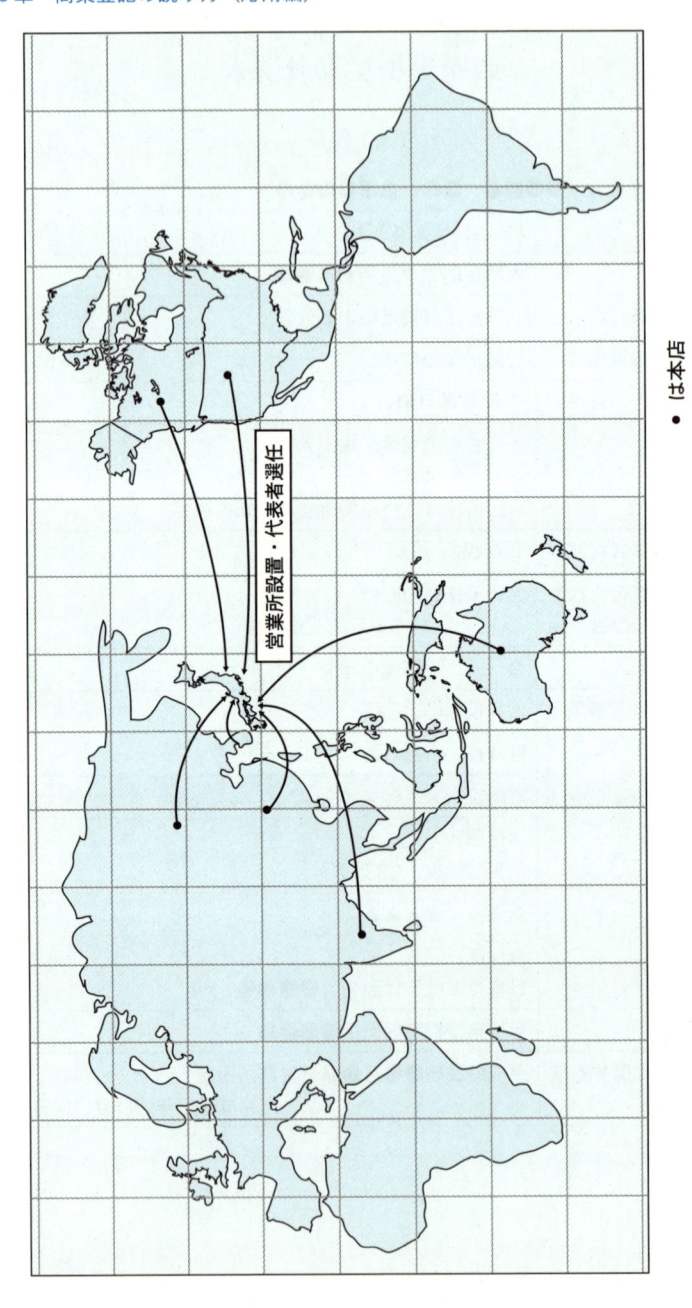

174

（法人紹介）

司法書士法人
行政書士法人　**芝トラスト**

所　在　地	東京都港区新橋五丁目7番12号　ひのき屋ビル4階
電話番号	03（3433）3780
ＦＡＸ番号	03（3433）2691
メールアドレス	info@shibatrust.com

● 主要業務

商業登記・外国会社の登記・会社法務・動産債権譲渡登記・不動産登記・成年後見・簡易裁判所訴訟代理・入管申請・建設業・宅建業・金融商品取引業　等々

（執筆者紹介）

宮本　敏行（みやもと　としゆき）
司法書士・渉外司法書士協会副会長

渡邉　清之（わたなべ　きよゆき）
司法書士

増田　信康（ますだ　のぶやす）
行政書士

谷口　洋一（たにぐち　よういち）
プライバシーマーク審査員補（PMS−COIO　77）

長澤　郁子（ながさわ　いくこ）
司法書士

佐藤　静子（さとう　しずこ）

山田　典礼（やまだ　のりひろ）

都筑　崇博（つづき　たかひろ）
行政書士・ＣＦＰ

新田　恵理（にった　えり）
司法書士有資格者

桑原　厳（くわばら　げん）
司法書士

著者との契約により検印省略

平成22年7月15日 初 版 発 行

商業登記簿謄本の
一番やさしい読み方

著 者	司法書士法人・行政書士法人 芝 ト ラ ス ト
発 行 者	大 坪 嘉 春
印 刷 所	税経印刷株式会社
製 本 所	株式会社 三森製本所

発 行 所　東京都新宿区　株式　税務経理協会
　　　　　下落合2丁目5番13号　会社
郵便番号 161−0033　振替 00190−2−187408　電話(03)3953−3301(編集部)
　　　　　FAX (03)3565−3391　　　　　　(03)3953−3325(営業部)
URL http://www.zeikei.co.jp/
乱丁・落丁の場合はお取替えいたします。

© 司法書士法人・行政書士法人 芝トラスト 2010

本書を無断で複写複製（コピー）することは、著作権法上の例外を除き、禁じられています。本書をコピーされる場合は、事前に日本複写権センター（JRRC）の許諾を受けてください。
JRRC (http://www.jrrc.or.jp eメール:info@jrrc.or.jp 電話:03-3401-2382)

Printed in Japan

ISBN978−4−419−05469−4　C2032